はじめての
中国語
単語帳

新田小雨子 著

Gakken

CONTENTS

Chapter 1 あいさつ・人

Chapter2
日常生活

Chapter3
外出

Chapter4
旅行・
レジャー

Chapter 5
趣味・エンタメ

Chapter 6
時・行事・自然

Chapter 7
便利な言葉

文法の基礎

この本の使い方

この本は、知っておきたい基本の単語を、よく使われるフレーズで楽しく覚えられる単語帳です。

ページは、以下のように構成されています。次の項目別の説明と合わせてごらんください。

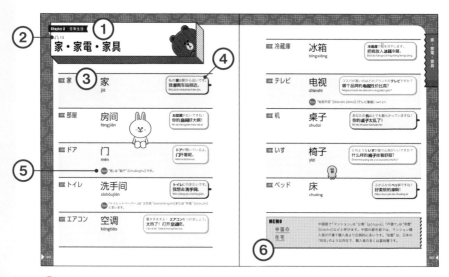

① Chapter (章) を、さらにカテゴリーに分けています。

② 音声トラック番号です。音声は、専用アプリで再生することができます。

③ 日本語訳→中国語単語の順に掲載しています。この本のカバーにある「しおり」を切り取って、それぞれを隠しながらチェックすることもできます。

④ フレーズは、中国でリアルに使われるものばかりです。音声を聞いて、発音をまねしながら声に出してみましょう。

⑤ 単語のポイントや、関連語の紹介です。

⑥ カテゴリーに関連する、言葉のミニ知識です。最新の中国情報も入っています。

音声アプリについて

音声は、専用アプリで再生することができます。スマートフォン、またはタブレット PC から下記の URL にアクセスしてください。

https://gakken-ep.jp/extra/myotomo/

※お客様のインターネット環境および携帯端末によりアプリをご利用できない場合や、音声をダウンロード・再生できない場合、当社は責任を負いかねます。ご理解、ご了承いただきますよう、お願いいたします。
※アプリは無料ですが、通信料はお客様のご負担になります。

単語チェックについて

LINE公式アカウント「Gakken中国語単語チェック」を無料でご利用いただけます。「友だち追加」をすれば、トーク画面上で問題を解くことができます。

https://lin.ee/xWsdpdm

【注意事項】
●この本では、一般的な発音・声調を示しています。
●諸説ある場合は、著者と編集部で相談の上、個別に判断しました。
●単語の日本語訳は、代表的な訳を掲載しています。
●台湾などで使われる表現を紹介する際も、字種の混在を避けるために、簡体字で表記しています。

キャラクター紹介

BROWN

無口だけれどあたたかい
心の持ち主、ブラウン。

CONY

いつも明るく元気なブラ
ウンの彼女、コニー。

SALLY

かわいらしい姿だけど意
外と過激なひよこ、サリ
ー。

CHOCO

リボンを愛するファッシ
ョニスタ、チョコ。

MOON

自分勝手だけど頓智が利
いて憎めないお調子者、
ムーン。

LEONARD

シンガーソングライター
を夢見るロマンチスト、
レナード。

BOSS

豪快な笑い声のつるっぱ
げ上司、部長。

JAMES

自分自身を最も愛する金
髪のナルシスト、ジェー
ムズ。

JESSICA

すました表情の綺麗好き
な猫、ジェシカ。

EDWARD

知識豊富で冒険心の強い
エドワード。

PANGYO

いつも笑顔で優しい、の
んびりしたパンヨ。

発音の基礎

中国語で「こんにちは」は、"你好 (nǐ hǎo)" です。このように、中国語は簡体字 (または繁体字) で表記し、中国語の発音は読み方を示す記号「拼音 (かん たい じ)」(ピンイン) で表します。

母音

単母音

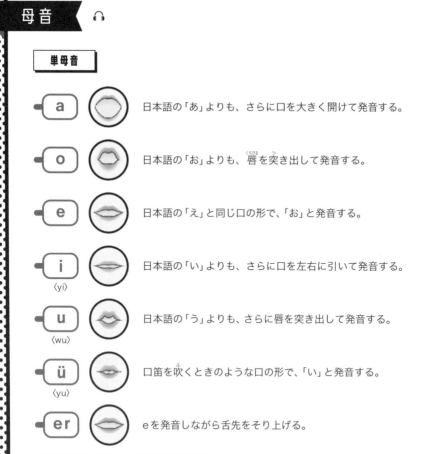

a	日本語の「あ」よりも、さらに口を大きく開けて発音する。
o	日本語の「お」よりも、唇を突き出して発音する。
e	日本語の「え」と同じ口の形で、「お」と発音する。
i 〈yi〉	日本語の「い」よりも、さらに口を左右に引いて発音する。
u 〈wu〉	日本語の「う」よりも、さらに唇を突き出して発音する。
ü 〈yu〉	口笛を吹くときのような口の形で、「い」と発音する。
er	eを発音しながら舌先をそり上げる。

※子音がつかない場合、〈 〉内の表記になります。

「a」「o」「e」「i」「u」「ü」と、そり舌母音「er」を、単母音と言います。

例 你[nǐ]の i

二重母音

二重母音は、1つ目の母音から次の母音にすばやく移り、1つの音のように発音します。発音のしかたは下の通りです。

例 做[zuò]の uo

1つ目の母音を強く発音	ai	ei	ao	ou	–
2つ目の母音を強く発音	ia 〈ya〉	ie 〈ye〉	ua 〈wa〉	uo 〈wo〉	üe 〈yue〉

※子音がつかない場合、〈 〉内の表記になります。

三重母音

三重母音は、中央の母音の音をはっきりとさせ、前後の母音は弱くし、全体で1つの音のように発音します。

例 叫[jiào]の iao

iao 〈yao〉	iou 〈you〉	uai 〈wai〉	uei 〈wei〉

※子音がつかない場合、〈 〉内の表記になります。子音がつく場合、「iou」は「iu」、「uei」は「ui」に表記が変わります。

鼻音を伴う母音を鼻母音と言います。「n」がつくものと「ng」がつくものの2種類があります。

「n」がつくもの	「ng」がつくもの
an	ang
en	eng
in 〈yin〉	ing 〈ying〉
ian 〈yan〉	iang 〈yang〉
uan 〈wan〉	uang 〈wang〉
uen 〈wen〉	ueng 〈weng〉
ün 〈yun〉	－
üan 〈yuan〉	－
－	ong
－	iong 〈yong〉

※子音がつかない場合、〈 〉内の表記になります。「uen」は、前に子音がつくとき表記が「un」に変わります。

「n」と「ng」の判別

「n」と「ng」は聞き分けが難しいです。判別に迷うときには、例外もありますが、日本語の音読みをヒントにしてみましょう。

● **「n」** …… 日本語の音読みの末尾が「ン」 例 "前" [qián] (音読み「ゼン」)
● **「ng」** …… 日本語の音読みの末尾が「ウ」「イ」 例 "明" [míng] (音読み「メイ」)

「an」と「ang」の発音の違い

「an」は、舌先を上の歯茎につけて、口の前のほうで発音します。例えば、日本語の「案内（アンナイ）」の「アン」に近い発音です。

「ang」は、口を開けたまま、舌先をどこにもつけずに、口の奥のほうで発音します。例えば、日本語の「案外（アンガイ）」の「アン」に近い発音です。

子音 ∩

	無気音	有気音	鼻音	摩擦音	有声音
上下の唇で発音する〈唇音〉	b(o)	p(o)	m(o)	f(o)	－
舌先を上の歯茎につけて発音する〈舌尖音〉	d(e)	t(e)	n(e)	－	l(e)
のどの奥で発音する〈舌根音〉	g(e)	k(e)	－	h(e)	－
舌先を下の歯茎の裏につける〈舌面音〉	j(i)	q(i)	－	x(i)	－
舌を上にそり上げて発音する〈そり舌音〉	zh(i)	ch(i)	－	sh(i)	r(i)
舌先を前歯の裏に押しあてる〈舌歯音〉	z(i)	c(i)	－	s(i)	－

※（ ）内の母音をつけると、各子音を発音しやすくなります。

013

声調 🎧

中国語の音の上げ下げを「声調」と言います。声調を変えると、別の語になります。
また、声調は四種類あるため、「四声」とも呼びます。

四声

第一声：高くのばす
例 "妈" [mā] (母)

第二声：真ん中から一気に上げる
例 "麻" [má] (麻)

第三声：非常に低く抑える
例 "马" [mǎ] (馬)

第四声：上から一気に下げる
例 "骂" [mà] (ののしる)

※図の数字は音の高さの目安です。

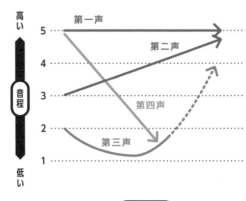

軽声

本来の声調が失われ、軽く短く発音することが慣習になったものを「軽声」と言います。
軽声の発音の高さは、直前の音節の声調によって変わります。

	第一声のあと	第二声のあと	第三声のあと	第四声のあと
	gēge	érzi	jiějie	dìdi

※図の中の「・」が軽声を示しています。

声調記号は母音の上につけます。声調記号をつける位置は、場合によって異なります。

●単母音

…… 「a」「o」「e」「i」「u」「ü」につける　例 mǐ

●「a」を含んでいる

…… aにつける　例 xiǎo

●「a」を含んでおらず、「o」か「e」を含んでいる

…… oかeにつける　例 kǒu, gěi

●「i」と「u」が連続する

…… 後ろにつける　例 jiǔ, duì

声調変化

声調は、後ろの文字によって、変化することがあります。

第三声の声調変化

●第三声が連続する場合

……前の第三声を、第二声で発音します。声調記号の表記は第三声のままです。

例 "你好" [nǐ hǎo]（こんにちは）　✕第三声＋第三声　➡ 〇第二声＋第三声

" 一 " [yī] の声調変化

●後ろに第一声・第二声・第三声が続く場合

…… 第四声 [yì] になります。

例 "一生" (一生) ✕ [yīshēng] ➡ ○ [yìshēng]

●後ろに第四声が続く場合

…… 第二声 [yí] になります。

例 "一次" (一回) ✕ [yī cì] ➡ ○ [yí cì]

●序数として使う場合

…… 後ろにどんな声調が続いても、第一声 [yī] のままです。

例 "一月" [yī yuè] (一月)、"第一名" [dì yī míng] (一番目)

" 不 " [bù] の声調変化

●後ろに第一声・第二声・第三声が続く場合

…… 第四声 [bù] のままです。

●後ろに第四声が続く場合

…… 第二声 [bú] になります。

例 "不去" (行きません) ✕ [bù qù] ➡ ○ [bú qù]

Chapter
1

あいさつ・人

🎧 01

あいさつ①

---

001 こんにちは

你好
nǐ hǎo

> **こんにちは！** 私の名前は桃子です。
> **你好！** 我叫桃子。
> Nǐ hǎo! Wǒ jiào Táozǐ.

Point 目上の人に対しては、"您好" [nín hǎo] と言います。

---

002 おはよう

早上好
zǎoshang hǎo

> みなさん、**おはようございます。**
> **大家早上好。**
> Dàjiā zǎoshang hǎo.

Point 台湾では、主に "早安" [zǎo'ān] を使います。

---

003 こんばんは

晚上好
wǎnshang hǎo

> 李さん、**こんばんは！**
> **李先生，晚上好！**
> Lǐ xiānsheng, wǎnshang hǎo!

Point 台湾では、「おやすみ」と同じ "晚安" [wǎn'ān] を使います。

---

004 さようなら

再见
zàijiàn

> みなさん、**さようなら！**
> **大家再见！**
> Dàjiā zàijiàn!

Point 英語由来の "拜拜" [báibái] という表現もあります。

---

005 おやすみ

晚安
wǎn'ān

> 先に寝ます。**おやすみなさい。**
> **我先睡了。晚安。**
> Wǒ xiān shuì le. Wǎn'ān.

| 006 | ありがとう | 谢谢
xièxie | 本当にありがとうございます。
真的谢谢你。
Zhēnde xièxie nǐ. |

| 007 | どういたしまして | 不客气
bú kèqi | どういたしまして、僕らは友達だよ！
不客气，我们是朋友啊！
Bú kèqi, wǒmen shì péngyou a! |

Point "不谢"［bú xiè］とも言います。

| 008 | すみません | 不好意思
bù hǎoyìsi | すみません、もう一度言ってください。
不好意思，请再说一遍。
Bù hǎoyìsi, qǐng zài shuō yí biàn. |

| 009 | ごめんなさい
・申し訳ない | 对不起
duìbuqǐ | ごめんなさい、僕が悪かった。
对不起，我错了。
Duìbuqǐ, wǒ cuò le. |

| 010 | 大丈夫
_{だいじょうぶ} | 没关系
méi guānxi | 大丈夫、君のせいじゃないから。
没关系，我不怪你。
Méi guānxi, wǒ bú guài nǐ. |

MEMO
**中国の
あいさつ**

最もよく使うのは"你好"です。時間帯や場面にかかわらず使える便利なあいさつです。親しい間柄では、あいさつ代わりに、"吃饭了吗?"（ご飯を食べた？）、"去哪儿啊?"（どこに行くの？）など、プライベートについてたずねる表現も使われます。

🎧 02

あいさつ②

---

011 会えて
うれしい

很高兴认识你
hěn gāoxìng rènshi nǐ

> はじめまして、
> **お会いできてうれしいです。**
> 初次见面,
> **很高兴认识你。**
> Chūcì jiànmiàn,
> hěn gāoxìng rènshi nǐ.

---

012 よろしく

请多关照
qǐng duō guānzhào

> こんにちは、**よろしくお願いします。**
> 你好,**请多多关照。**
> Nǐ hǎo, qǐng duōduō guānzhào.

---

013 お久しぶり

好久不见
hǎojiǔ bújiàn

> **お久しぶりです！** お元気ですか?
> **好久不见!** 还好吗?
> Hǎojiǔ bújiàn! Hái hǎo ma?

---

014 元気?

你好吗
nǐ hǎo ma

> 孫さん、**お元気ですか?**
> 小孙,**你好吗?**
> Xiǎo Sūn, nǐ hǎo ma?

Point "我挺好的。你呢?"(わたしは元気だよ。あなたは?)などと返答します。

---

015 お疲れさま

辛苦了
xīnkǔ le

> みなさん、**お疲れさまでした!**
> 大家**辛苦了!**
> Dàjiā xīnkǔ le.

016 いらっしゃい

欢迎光临
huānyíng guānglín

> こんにちは、**いらっしゃいませ**。
> **您好，欢迎光临。**
> Nín hǎo, huānyíng guānglín.

017 もしもし

喂
wéi

> **もしもし**、どちらさまでしょうか？
> **喂，请问您是哪位？**
> Wéi, qǐng wèn nín shì nǎ wèi?

018 はい

是的
Shì de

> **はい**、そうです。
> **是的，没错。**
> Shì de, méicuò.

019 いいえ

不
bù

> **いいえ**、ちがいます。
> **不，不是。**
> Bù, bú shì.

020 いいよ

好啊
hǎo a

> **いいよ**、そうしよう。
> **好啊，就这么定了。**
> Hǎo a, jiù zhème dìng le.

 Point ややくだけた表現です。

021 すみません・
おたずねし
ますが

请问
qǐngwèn

> **すみません**、お手洗いはどこですか？
> **请问，洗手间在哪里？**
> Qǐngwèn, xǐshǒujiān zài nǎli?

🎧 03

自己紹介

022	会う	**见面** jiànmiàn

明日**会い**ましょう。
明天见面吧。
Míngtiān jiànmiàn ba.

023	知り合う・ 知っている	**认识** rènshi

お知り合いになりましょう。
我们认识一下吧。
Wǒmen rènshi yíxià ba.

024	紹介(しょうかい)する	**介绍** jièshào

ちょっと自己**紹介**してください。
请你自我介绍一下。
Qǐng nǐ zìwǒ jièshào yíxià.

025	〜という 名前である	**叫** jiào

お名前は何ですか？
你叫什么名字?
Nǐ jiào shénme míngzi?

026	〜という 苗字(みょうじ)である	**姓** xìng

あなたの**苗字**は何ですか？
你姓什么?
Nǐ xìng shénme?

Point "您贵姓?"（ご苗字は何ですか？）という、丁寧でややフォーマルな表現もあります。

027 氏名・名前　名字
míngzi

きれいな**お名前**ですね。
你的**名字**很美。
Nǐ de míngzi hěn měi.

Point　"名字"で、氏名（苗字＋名前）を指すことが多いです。

028 ～は～である　是
shì

私**は**宇宙人**です**。
我**是**外星人。
Wǒ shì wàixīngrén.

029 ～歳　岁
suì

息子は5**歳**になりました。
我儿子5**岁**了。
Wǒ érzi wǔ suì le.

030 住む・泊まる　住
zhù

今日はホテルに**泊まり**ます。
今天我们**住**酒店。
Jīntiān wǒmen zhù jiǔdiàn.

031 する・やる　做
zuò

何を**し**ていますか？
你在**做**什么？
Nǐ zài zuò shénme?

032 留学生　留学生
liúxuéshēng

私は公費**留学生**です。
我是一名公费**留学生**。
Wǒ shì yì míng gōngfèi liúxuéshēng.

🎧 04

人 ①

---

033 ◀ 私

我
wǒ

> 私と家に帰ろう。
> **跟我回家吧。**
> Gēn wǒ huí jiā ba.

 一人称は"我"です。男女とも使います。

---

034 ◀ 私たち

我们
wǒmen

> （私たち）一緒にがんばろう！
> **我们一起加油！**
> Wǒmen yìqǐ jiāyóu!

Point "们"は複数を表します。例："女人们"[nǚrénmen]（女性たち）、"学生们"[xuéshengmen]（学生たち）

---

035 ◀ あなた

你
nǐ

> 私はずいぶん**あなた**を待っていました。
> **我等你很久了。**
> Wǒ děng nǐ hěn jiǔ le.

---

036 ◀ あなたたち

你们
nǐmen

> **あなたたち**は私の友達です。
> **你们都是我的朋友。**
> Nǐmen dōu shì wǒde péngyou.

---

037 ◀ あなた

您
nín

> （あなたは）コーヒーをお飲みになりますか？
> **您喝咖啡吗？**
> Nín hē kāfēi ma?

Point 二人称"你"の敬称。目上の人やあまり親しくない人に対して用います。なお、"您们"という語はありません。

038 彼 (かれ)

他
tā

彼は私の神様です!
他是我的男神!
Tā shì wǒ de nánshén!

Point 「恋人」としての「彼(彼氏)」は"男朋友"です。(⇒P.27)

039 彼女 (かのじょ)

她
tā

彼女は怒っているの?
她生气了?
Tā shēngqì le?

Point 「恋人」としての「彼女」は"女朋友"です。(⇒P.27)

040 それ・あれ

它
tā

あれは本当にかわいそう!
它好可怜啊!
Tā hǎo kělián a!

Point モノや動物など人以外を指すときに使います。

041 みなさん・
みんな

大家
dàjiā

みんなに会いたいです。
我想见**大家**。
Wǒ xiǎng jiàn dàjiā.

042 自分・
自分自身

自己
zìjǐ

自分で行きなさい。
你**自己**去吧。
Nǐ zìjǐ qù ba.

043 他人

别人
biérén

他人の目は気にするな。
不要在意**别人**的眼光。
Búyào zàiyì biérén de yǎnguāng.

Point "人家"[rénjia]という言い方もあります。

🎧 05

人 ②

---

044 人

人
rén

性格の優しい**人**が好きです。
我喜欢性格温柔的人。
Wǒ xǐhuan xìnggé wēnróu de rén.

Point 地名や国名の後ろにつけると、出身地や出身国を表すことができます。
例：“日本人” [Rìběnrén]

---

045 子ども

孩子
háizi

子どもには自由が必要です。
孩子需要自由。
Háizi xūyào zìyóu.

Point 乳幼児は、“婴儿” [yīng'ér] または “宝贝” [bǎobèi] と言います。

---

046 男性

男人
nánrén

スキンケアに関心のある**男性**が増えています。
对皮肤护理感兴趣的男人越来越多了。
Duì pífū hùlǐ gǎn xìngqù de nánrén yuè lái yuè duō le.

Point “男生” [nánshēng] は若い男性のことです。若者がよく使う表現です。

---

047 女性

女人
nǚrén

ダイエットは**女性**の一生の話題です。
减肥是女人一生的话题。
Jiǎnféi shì nǚrén yìshēng de huàtí.

Point “女生” [nǚshēng] は若い女性のことです。若者がよく使う表現です。

---

048 友達

朋友
péngyou

私の**友達**になってください。
做我的朋友吧。
Zuò wǒ de péngyou ba.

| 049 | 彼氏
かれ　し | 男朋友
nánpéngyou | 私の**彼氏**です。
我男朋友。
Wǒ nánpéngyou. |

| 050 | 彼女
かの じょ | 女朋友
nǚpéngyou | 彼女におみやげを買っていきます。
给**女朋友**买个纪念品。
Gěi nǚpéngyou mǎi ge jìniànpǐn. |

| 051 | ～さん
（男性に対して） | 先生
xiānsheng | 昨日、張**さん**に会いました。
昨天我见到张**先生**了。
Zuótiān wǒ jiàndào Zhāng xiānsheng le. |

| 052 | ～さん
（若い女性に対して） | 小姐
xiǎojiě | 田中**さん**はどこにいますか？
田中**小姐**在哪儿？
Tiánzhōng xiǎojiě zài nǎr? |

Point 年配の女性には、"阿姨" [āyí] を使います。

MEMO
人の呼び方

中国では、相手の性別や、自分と相手との関係、年齢差などによって異なる呼び方をします。
● **関係による呼び方**……苗字＋親族呼称で相手との親しい関係を示します。〔例："吴哥"（呉兄さん）、"王姐"（王姉さん）、"张叔叔"（張おじさん）、"李阿姨"（李おばさん）〕
● **年齢差による呼び方**……苗字の前に "小" [Xiǎo] または "老" [Lǎo] をつけて呼びます。〔例："小张"（張くん）、"老刘"（劉さん）〕
● **愛称による呼び方**……名前の一部を繰り返して言うことで、「～ちゃん」のニュアンスになります。〔例："浩浩"（浩ちゃん）〕南の地域では、名前の最後の文字の前に "阿" [Ā] をつけて、「～ちゃん」のニュアンスを出します。〔例："阿明"（明ちゃん）〕

🎧 06
家族

---

053 家族

家人
jiārén

> みんな私の**家族**です。
> **大家都是我的家人。**
> Dàjiā dōu shì wǒ de jiārén.

---

054 父

爸爸
bàba

> **パパ**、かっこいい!
> **爸爸真帅!**
> Bàba zhēn shuài!

Point "父母"［fùmǔ］(父母) という表現もあります。

---

055 母

妈妈
māma

> ママ、怒らないで。
> **妈妈别生气。**
> Māma bié shēngqì.

---

056 兄

哥哥
gēge

> **お兄ちゃん**、何を食べてるの?
> **哥哥你吃什么呢?**
> Gēge nǐ chī shénme ne?

Point 中国語の "兄弟"［xiōngdì］(兄弟) は、男性の兄弟のみを指します。

---

057 姉

姐姐
jiějie

> **お姉ちゃん**、すごい!
> **姐姐真厉害!**
> Jiějie zhēn lìhai!

058 弟

弟弟
dìdi

弟とけんかしないでね。
不要跟弟弟吵架。
Búyào gēn dìdi chǎojià.

059 妹

妹妹
mèimei

妹ができました。
我有妹妹了。
Wǒ yǒu mèimei le.

060 夫

丈夫
zhàngfu

よい夫の基準は何ですか?
好丈夫的标准是什么?
Hǎo zhàngfu de biāozhǔn shì shénme?

061 妻

妻子
qīzi

僕の妻になってください!
做我的妻子吧!
Zuò wǒ de qīzi ba!

062 息子

儿子
érzi

息子が恋をしています。
儿子恋爱了。
Érzi liàn'ài le.

063 娘

女儿
nǚ'ér

娘が大きくなりました。
女儿长大了。
Nǚ'ér zhǎngdà le.

🎧 07

体

064 体	**身体** shēntǐ	体に気をつけてください。 **请注意身体。** Qǐng zhùyì shēntǐ.
065 顔	**脸** liǎn	顔を洗いましょう。 **洗脸吧。** Xǐ liǎn ba.
066 目	**眼睛** yǎnjing	彼女は目がぱっちりしています。 **她两只大眼睛水灵灵的。** Tā liǎng zhǐ dà yǎnjing shuǐlínglíng de.
067 鼻	**鼻子** bízi	鼻がムズムズします。 **鼻子痒痒。** Bízi yǎngyang.
068 口	**嘴** zuǐ	口を大きく開けて。 **张大嘴。** Zhāngdà zuǐ.

069 耳

耳朵
ěrduo

> 彼はとても**耳**が早いです。
> **他耳朵**非常尖。
> Tā ěrduo fēicháng jiān.

---

070 髪（かみ）

头发
tóufa

> 彼女は**髪**がサラサラです。
> 她**头发**很光滑。
> Tā tóufa hěn guānghuá.

---

071 手

手
shǒu

> **手**がきれいですね！
> 你的**手**好漂亮啊！
> Nǐ de shǒu hǎo piàoliang a!

---

072 脚（あし）

腿
tuǐ

> 彼は**脚**がとても長いです。
> **他腿**很长。
> Tā tuǐ hěn cháng.

 Point ももから足首までを指す語です。

---

073 足

脚
jiǎo

> **足**のマッサージをしてもらいます。
> 让人给我做**脚底**按摩。
> Ràng rén gěi wǒ zuò jiǎodǐ ànmó.

Point 足首からつま先までを指す語です。

MEMO

体の
その他の部位

"头" [tóu]（頭）、"牙" [yá]（歯）、"脖子" [bózi]（首）、"嗓子" [sǎngzi]（のど）、"肚子" [dùzi]（おなか）、"皮肤" [pífū]（皮膚）など、そのほかの部位もまとめて覚えておくと便利です。

外来語 ①

　中国語では、**外来語もすべて漢字で表記**します。
　元の語と意味の似ている漢字をあてる「意訳」パターン、元の語と発音の似ている漢字をあてる「音訳」パターン、「意訳」と「音訳」を組み合わせたパターンなどがあります。
　では、具体例を見てみましょう。

1. 「意訳」……元の語と**意味の似ている**漢字をあてたもの

"快餐"（ファストフード）＝ "快"（速い）＋ "餐"（食事）
kuàicān

2. 「音訳」……元の語と**発音の似ている**漢字をあてたもの

"巧克力"（チョコレート）、"粉丝"（ファン）、"秀"（ショー）、
qiǎokèlì　　　　　　　　　　　fěnsī　　　　　　　xiù

"马赛克"（モザイク）、"卡哇伊"（かわいい）
mǎsàikè　　　　　　　　kǎwāyī

Chapter

2

日常生活

🎧 08
動作 ①

---

074 起きる・
起床する

起床
qǐchuáng

> 早く起きなさい！
> **快起床吧!**
> Kuài qǐchuáng ba!

---

075 洗う

洗
xǐ

> 今日は私がおわんを洗います。
> **今天我洗碗。**
> Jīntiān wǒ xǐ wǎn.

Point 「洗濯する」は "洗衣服" [xǐ yīfu]、「洗濯機」は "洗衣机" [xǐyījī] と表現します。

---

076 歯を磨く

刷牙
shuā yá

> 寝る前に歯を磨きます。
> **睡觉前刷牙。**
> Shuìjiào qián shuā yá.

---

077 掃除する

打扫
dǎsǎo

> 毎週土曜日の朝に部屋を掃除します。
> **每星期六的早晨打扫房间。**
> Měi xīngqīliù de zǎochen dǎsǎo fángjiān.

Point 「掃除機」は "吸尘器" [xīchénqì] です。

---

078 準備する

准备
zhǔnbèi

> 準備できましたか？
> **准备好了吗?**
> Zhǔnbèi hǎo le ma?

079 （目的地に向かって）行く

去
qù

昨日彼女と鍋料理を食べに**行き**ました。
昨天和女朋友去吃火锅了。
Zuótiān hé nǚpéngyou qù chī huǒguō le.

Point 「来る」は "来" [lái] です。

080 帰る

回
huí

ただいま。
我回来了。
Wǒ huílai le.

081 座る・乗る

坐
zuò

どうぞお**座り**ください。
您请坐。
Nín qǐng zuò.

Point "坐地铁" [zuò dìtiě]（地下鉄に乗る）

082 休む・休憩する

休息
xiūxi

ちょっと**休憩**しましょう。
休息一下吧。
Xiūxi yíxià ba.

083 お風呂に入る

洗澡
xǐzǎo

先に**お風呂に入る**よ。
我先洗澡了啊。
Wǒ xiān xǐzǎo le a.

084 眠る・寝る

睡觉
shuìjiào

何時に**寝ます**か？
你几点睡觉？
Nǐ jǐ diǎn shuìjiào?

🎧 09
動作②

---

085 歩く・（ある場所から）離れる

走
zǒu

> バスが**行って**しまいました。
> **公交车走了。**
> Gōngjiāochē zǒu le.

---

086 始める・始まる

开始
kāishǐ

> 授業はもう**始まって**います。
> **已经开始**上课了。
> Yǐjīng kāishǐ shàngkè le.

Point 「終わる」は"结束"［jiéshù］です。

---

087 開ける・開く

开
kāi

> 窓が**開いて**いるよ。
> **窗户开着**呢。
> Chuānghu kāizhe ne.

---

088 入る

进
jìn

> どうぞお**入り**ください。
> **请进。**
> Qǐng jìn.

Point 「出る」は"出"［chū］です。

---

089 さがす・訪ねる

找
zhǎo

> ずっと君を**さがし**ています。
> **我一直在找你。**
> Wǒ yìzhí zài zhǎo nǐ.

090 目に入る・見える

看见
kànjiàn

私が**見え**ていますか？
你看见我了吗？
Nǐ kànjiàn wǒ le ma?

---

091 見る・読む

看
kàn

今日のニュースは**見**ましたか？
今天的新闻你**看**了吗？
Jīntiān de xīnwén nǐ kàn le ma?

---

092 音読する・読む

读
dú

もう一度**読ん**でください。
请再**读**一遍。
Qǐng zài dú yí biàn.

---

093 書く

写
xiě

宿題を**する**ときに、音楽を聴いてもいいですか？
写作业时可以听音乐吗？
Xiě zuòyè shí kěyǐ tīng yīnyuè ma?

---

094 持っていく

带
dài

水筒を**持っていっ**てください。
把水壶**带**上。
Bǎ shuǐhú dàishang.

---

095 使う

用
yòng

携帯電話を**使っ**て道案内します。
用手机导航。
Yòng shǒujī dǎoháng.

🎧 10

コミュニケーション

---

096 話す

说话
shuōhuà

> どうして**話さ**ないの？
> **你为什么不说话?**
> Nǐ wèi shénme bù shuōhuà?

---

097 伝える・知らせる・教える

告诉
gàosu

> 私のことが好きなら、そう**言って**ください。
> **如果你喜欢我，请你告诉我。**
> Rúguǒ nǐ xǐhuan wǒ, qǐng nǐ gàosu wǒ.

Point "事情"［shìqing］（こと）も一緒に覚えましょう。例："请告诉我你的事情。"（あなたのことを私に教えてください。）

---

098 聞く

听
tīng

> 雨の音を**聞いて**います。
> **我在听雨声。**
> Wǒ zài tīng yǔshēng.

---

099 質問する

问
wèn

> ちょっと**質問**していいですか？
> **我可以问你一个问题吗?**
> Wǒ kěyǐ wèn nǐ yí ge wèntí ma?

---

100 答える

回答
huídá

> ^{だれ}誰が**答えて**くれますか？
> **谁能回答我?**
> Shéi néng huídá wǒ?

101 待つ

等
dĕng

ちょっとお**待ち**ください。
请等我一下。
Qĭng dĕng wŏ yíxià.

---

102 <ruby>援<rt>えん</rt></ruby><ruby>助<rt>じょ</rt></ruby>する

帮助
bāngzhù

私たちを**助け**てくれてありがとう。
谢谢你帮助我们。
Xièxie nĭ bāngzhù wŏmen.

Point 精神的な助けというニュアンスで使われることが多いです。

---

103 手伝う

帮忙
bāngmáng

引っ越しするときに**手伝い**ますよ。
你搬家时我来帮忙。
Nĭ bānjiā shí wŏ lái bāngmáng.

Point 具体的な助け・手伝いをする場合に使われます。

---

104 あげる

给
gĕi

私にぬくもりを**ください**。
给我一点温暖吧。
Gĕi wŏ yìdiăn wēnnuăn ba.

---

105 <ruby>贈<rt>おく</rt></ruby>る

送
sòng

一輪のばらの花を君に**贈り**ます。
我送你一枝玫瑰花。
Wŏ sòng nĭ yìzhī méiguihuā.

---

106 ～せる・
～させる

让
ràng

もう私を悲しま**せ**ないでください。
不要再让我难过。
Búyào zài ràng wŏ nánguò.

🎧 11

状態・感情

---

107 ある・いる
有
yǒu

用事が**あります**か？
有事吗?
Yǒu shì ma?

---

108 〜と感じる
觉得
juéde

あなたは私の気持ちがわかっていない**と感じ**ます。
我觉得你不懂我。
Wǒ juéde nǐ bù dǒng wǒ.

---

109 希望する・
〜したいと
思う
希望
xīwàng

彼女は将来、幼稚園の先生になり**たいと思っ**ています。
她希望将来当幼师。
Tā xīwàng jiānglái dāng yòushī.

---

110 知っている
知道
zhīdao

君の秘密を**知っている**よ。
我知道你的秘密。
Wǒ zhīdao nǐde mìmi.

---

111 わかる
懂
dǒng

わかりました。
我懂了。
Wǒ dǒng le.

| 112 わかる | 明白
míngbai | 君だけが**わかっ**ています。
只有你明白。
Zhǐyǒu nǐ míngbai. |

| 113 好む・
好きだ | 喜欢
xǐhuan | 雨の日が**好きです**。
喜欢下雨天。
Xǐhuan xià yǔ tiān. |

| 114 愛する | 爱
ài | 君のことを一万年**愛し**続けるよ。
我**爱**你一万年。
Wǒ ài nǐ yíwàn nián. |

| 115 笑う | 笑
xiào | ちょっと**笑っ**てもらえますか？
你能**笑**一下吗？
Nǐ néng xiào yíxià ma? |

| 116 心配する | 担心
dānxīn | 君のことをとても**心配し**ています。
我很**担心**你。
Wǒ hěn dānxīn nǐ. |

Point 「安心する」は "放心" [fàngxīn] です。

| 117 理解する・
知る | 了解
liǎojiě | 私は彼のことをよく**知っ**ています。
我很**了解**他。
Wǒ hěn liǎojiě tā. |

🎧 12

家・家電・家具

---

118 家

家
jiā

> 私の**家**は駅から近いです。
> **我家**离车站很近。
> Wǒ jiā lí chēzhàn hěn jìn.

---

119 部屋

房间
fángjiān

> お**部屋**が広いですね！
> 你的**房间**好大啊！
> Nǐ de fángjiān hǎo dà a!

---

120 ドア

门
mén

> **ドア**が開いているよ。
> **门**开着呢。
> Mén kāizhe ne.

Point 「窓」は "窗户" [chuānghu] です。

---

121 トイレ

洗手间
xǐshǒujiān

> **トイレ**に行きたいです。
> 我想去**洗手间**。
> Wǒ xiǎng qù xǐshǒujiān.

Point 「トイレットペーパー」は "卫生纸" [wèishēngzhǐ] または "手纸" [shǒuzhǐ] と言います。

---

122 エアコン

空调
kōngtiáo

> 暑すぎますよ！ **エアコン**をつけましょう。
> 太热了！ 打开**空调**吧。
> Tài rè le! Dǎkāi kōngtiáo ba.

---

123 冷蔵庫

冰箱
bīngxiāng

冷蔵庫で桃を冷やします。
把桃放入冰箱冷藏。
Bǎ táo fàngrù bīngxiāng lěngcáng.

124 テレビ

电视
diànshì

コスパが高いのはどのブランドの**テレビ**ですか？
哪个品牌的电视性价比高？
Nǎge pǐnpái de diànshì xìngjiàbǐ gāo?

Point "电视节目" [diànshì jiémù]（テレビ番組）（→ P.87）

125 机

桌子
zhuōzi

あなたの**机**はとても散らかっていますね！
你的桌子太乱了！
Nǐ de zhuōzi tài luàn le!

126 いす

椅子
yǐzi

どのような**いす**が座り心地がいいですか？
什么样的椅子坐着舒服？
Shénmeyàng de yǐzi zuòzhe shūfu?

127 ベッド

床
chuáng

ふかふかの**ベッド**ですね！
好柔软的床啊！
Hǎo róuruǎn de chuáng a!

MEMO
中国の
住宅

中国語で「マンション」は "公寓" [gōngyù]、「戸建て」は "别墅"
[biéshù] などと呼びます。中国の都市部では、マンション購
入者が戸建て購入者より圧倒的に多いです。"别墅" は、日本の
「別荘」のような存在で、購入者の多くは富裕層です。

🎧 13

日用品

---

128 物・品物

东西
dōngxi

今日はたくさんの**物**を買いました。
今天买了很多东西。
Jīntiān mǎile hěn duō dōngxi.

---

129 携帯電話（けいたい）

手机
shǒujī

あなたの**携帯電話**の番号は何番ですか？
你的手机号码是多少？
Nǐ de shǒujī hàomǎ shì duōshao?

Point 「スマートフォン」は "智能手机" [zhìnéng shǒujī] ですが、"手机" と簡略に呼ぶことが多いです。

---

130 パソコン

电脑
diànnǎo

私たちは**パソコン**がないと生きていけません。
我们不能没有电脑。
Wǒmen bù néng méiyǒu diànnǎo.

Point 「タブレット」は "平板电脑" [píngbǎn diànnǎo] と言います。

---

131 新聞

报纸
bàozhǐ

スマホの**新聞**アプリはどれがよいのでしょうか？
手机报纸软件哪个好呢？
Shǒujī bàozhǐ ruǎnjiàn nǎge hǎo ne?

---

132 本

书
shū

本は私のよい友達です。
书是我的好朋友。
Shū shì wǒ de hǎopéngyou.

---

133 ノート

笔记本
bǐjìběn

> **ノート**にメモします。
> **在笔记本上做笔记。**
> Zài bǐjìběn shang zuò bǐjì.

134 ボールペン

圆珠笔
yuánzhūbǐ

> **ボールペン**で記入してください。
> **请用圆珠笔填写。**
> Qǐng yòng yuánzhūbǐ tiánxiě.

135 シャンプー

洗发露
xǐfàlù

> どの**シャンプー**の香(かお)りが一番長く続きますか?
> **哪种洗发露香味最持久?**
> Nǎ zhǒng xǐfàlù xiāngwèi zuì chíjiǔ?

 Point 「ボディーソープ」は "沐浴露" [mùyùlù]、「せっけん」は "肥皂" [féizào]、「トリートメント」は "护发素" [hùfàsù] などと呼びます。

136 タオル

毛巾
máojīn

> 肌触(はだざわ)りがよい**タオル**を買いたいです。
> **想买手感好的毛巾。**
> Xiǎng mǎi shǒugǎn hǎo de máojīn.

137 ティッシュ

面巾纸
miànjīnzhǐ

> **ティッシュ**で涙(なみだ)をふきます。
> **用面巾纸擦眼泪。**
> Yòng miànjīnzhǐ cā yǎnlèi.

MEMO
シャンプーの
さまざまな呼称

「シャンプー」は、中国語では "洗发露" [xǐfàlù]、"洗发水" [xǐfàshuǐ]、"洗发液" [xǐfàyè]、"洗发精" [xǐfàjīng] と何種類も言い方があります。"香波" [xiāngbō] は英語の「shampoo」の音訳です。

外来語 ②

　1章で紹介した「意訳」パターンと「音訳」パターンの外来語に続いて、「意訳」と「音訳」の両方を含むパターンを紹介します。「音訳兼意訳」パターンは元の語と意味も発音も似ている漢字をあてたもので、ほとんどありません。ぜひ覚えましょう。

3．「意訳」＋「音訳」……意訳と音訳を組み合わせたもの

　　"冰淇淋"（アイスクリーム）＝
　　bīngqílín
　　　　　　　"冰"（アイス {意訳}）＋"淇淋"（クリーム {音訳}）

4．「音訳兼意訳」……発音も意味も似ている漢字をあてたもの

　　"爱豆"（アイドル）＝
　　àidòu
　　"爱"（愛する）＋"豆"（「豆」から転じて、小さくてかわいいもの）

5．「音訳」＋中国語

　　"奥林匹克运动会"（オリンピック国際大会）＝
　　Àolínpǐkè yùndònghuì
　　　　　　　　　"奥林匹克"（オリンピック {音訳}）＋
　　　　　　　　　"运动会"（運動会 {中国語}）

Chapter

3

外出

🎧 14
学校

---

138 学校

学校
xuéxiào

> 学校が始まりました。
> **学校开学了。**
> Xuéxiào kāixué le.

---

139 教室

教室
jiàoshì

> 教室の中は静かです。
> **教室里很安静。**
> Jiàoshìlǐ hěn ānjìng.

---

140 授業

课
kè

> 土曜日に授業はありますか?
> **星期六有课吗?**
> Xīngqīliù yǒu kè ma?

Point 「オンライン授業」を指す"网课"[wǎngkè] という語もあります。

---

141 先生

老师
lǎoshī

> 私たちの先生は優しいです。
> **我们老师很温柔。**
> Wǒmen lǎoshī hěn wēnróu.

---

142 学生

学生
xuésheng

> 学生のつらいことは何ですか?
> **学生的痛苦是什么?**
> Xuésheng de tòngkǔ shì shénme?

143 クラスメート

同学
tóngxué

私の**クラスメート**はみんな結婚しました。
我的同学都结婚了。
Wǒde tóngxué dōu jiéhūn le.

---

144 勉強する

学习
xuéxí

私は中国語を**勉強し**ています。
我在学习汉语。
Wǒ zài xuéxí Hànyǔ.

Point 「復習する」は "复习" [fùxí] と言います。

---

145 中国語

汉语
Hànyǔ

中国語の発音はとても難しいです！
汉语的发音太难了！
Hànyǔ de fāyīn tài nán le!

---

146 字

字
zì

あなたの**字**は本当にきれいですね！
你的字真漂亮！
Nǐ de zì zhēn piàoliang!

---

147 試験

考试
kǎoshì

明日の**試験**がんばってね！
明天的考试加油啊！
Míngtiān de kǎoshì jiāyóu a!

---

148 質問

问题
wèntí

先生、**質問**があります。
老师，我有一个问题。
Lǎoshī, wǒ yǒu yí ge wèntí.

🎧 15

会社

---

149 仕事

工作
gōngzuò

明日は何時から**仕事**ですか？
你明天几点开始工作?
Nǐ míngtiān jǐ diǎn kāishǐ gōngzuò?

---

150 会社

公司
gōngsī

会社に行ってきます。
我去公司啦。
Wǒ qù gōngsī la.

---

151 出勤する

上班
shàngbān

彼は明日**出勤し**ます。
他明天来上班。
Tā míngtiān lái shàngbān.

---

152 遅刻する

迟到
chídào

すみません、**遅刻し**そうです。
对不起，我要迟到了。
Duìbuqǐ, wǒ yào chídào le.

---

153 会議

会议
huìyì

2時から**会議**が始まります。
会议从两点开始。
Huìyì cóng liǎng diǎn kāishǐ.

Point 「ウェブ会議」は "网络会议" [wǎngluò huìyì] と言います。

| 154 | 名刺 | 名片
míngpiàn | これは私の**名刺**です。よろしくお願いします！
这是我的名片，请多指教！
Zhè shì wǒ de míngpiàn, qǐng duō zhǐjiào! |

| 155 | 電話をする | 打电话
dǎ diànhuà | あとで**電話をします**。
一会儿给你打电话。
Yíhuìr gěi nǐ dǎ diànhuà. |

| 156 | 同僚 | 同事
tóngshì | 週末は**同僚**とゴルフに行きます。
周末和同事去打高尔夫。
Zhōumò hé tóngshì qù dǎ gāo'ěrfū. |

Point "上司" [shàngsi]、"部下" [bùxià]、"经理" [jīnglǐ] (社長)もまとめて覚えましょう。

| 157 | テレワーク
をする | 远程办公
yuǎnchéng bàngōng | 週に2日ほど、**テレワークをしています**。
每周两天远程办公。
Měi zhōu liǎng tiān yuǎnchéng bàngōng. |

Point "远程工作" [yuǎnchéng gōngzuò] とも言います。

| 158 | 在宅勤務を
する | 在家办公
zài jiā bàngōng | **在宅勤務**は好きですか？
你喜欢在家办公吗？
Nǐ xǐhuan zài jiā bàngōng ma? |

Point "在家工作" [zài jiā gōngzuò] とも言います。

MEMO

**会社での
あいさつ**

最近、社員同士の朝のあいさつとして、"早啊" [zǎo a]（おはよう）という表現がよく用いられています。上司に対しては、苗字＋肩書＋"早"を用いるのが一般的です。〔例："王主任早" [Wáng zhǔrèn zǎo]（王主任おはようございます）〕

🎧 16

食事

---

159 レストラン

饭馆
fànguǎn

> これは当店の自慢料理です。
> **这是我们饭馆的招牌菜。**
> Zhè shì wǒmen fànguǎn de zhāopáicài.

---

160 厨房

厨房
chúfáng

> 厨房はどこですか？
> **厨房在哪儿？**
> Chúfáng zài nǎr?

---

161 メニュー

菜单
càidān

> 英語のメニューはありますか？
> **有英文菜单吗？**
> Yǒu Yīngwén càidān ma?

---

162 コップ

杯子
bēizi

> このコップはなぜお酒のにおいがするの？
> **这个杯子为什么有酒味？**
> Zhège bēizi wèi shénme yǒu jiǔwèi?

Point "盘子" [pánzi] (皿)、"筷子" [kuàizi] (はし) も一緒に覚えましょう。

---

163 注文する

点
diǎn

> 君が注文してください。
> **你来点菜吧。**
> Nǐ lái diǎn cài ba.

164 食べる

吃
chī

一緒に**食べ**に行きましょう。
咱们一起去吃饭吧。
Zánmen yìqǐ qù chī fàn ba.

165 飲む

喝
hē

お父さん、もうお酒を**飲ま**ないでください！
爸爸，不要再喝酒了！
Bàba, búyào zài hē jiǔ le!

166 甘(あま)い

甜
tián

この店のケーキは**甘**すぎます。
这家店的蛋糕太甜了。
Zhè jiā diàn de dàngāo tài tián le.

Point "酸 [suān]"（すっぱい）、"苦 [kǔ]"（苦い）、"辣" [là]（辛い）

167 おいしい

好吃
hǎochī

餃子(ぎょうざ)は本当に**おいしい**！
饺子真好吃！
Jiǎozi zhēn hǎochī!

168 テイク
アウト

打包
dǎbāo

テイクアウトでお願いします。
请给我打包。
Qǐng gěi wǒ dǎbāo.

169 デリバリー

外卖
wàimài

夕食は**デリバリー**にしました。
晚饭叫了外卖。
Wǎnfàn jiàole wàimài.

🎧 17
料理・飲料

---

170 料理

菜
cài

> 四川料理は辛いです。
> **川菜很辣。**
> Chuāncài hěn là.

---

171 白米

米饭
mǐfàn

> 白米を食べると太るのですか？
> **吃米饭会胖吗？**
> Chī mǐfàn huì pàng ma?

---

172 パン

面包
miànbāo

> 朝ごはんにパンを食べました。
> **早饭吃了面包。**
> Zǎofàn chīle miànbāo.

---

173 麺類

面条
miàntiáo

> 麺類が好きです。
> **我喜欢吃面条。**
> Wǒ xǐhuan chī miàntiáo.

174 ケーキ

蛋糕
dàngāo

> ケーキを買いにいきます。
> **我去买蛋糕。**
> Wǒ qù mǎi dàngāo.

---

175 飲み物　饮料　yǐnliào

どの**飲み物**がお好きですか？
你喜欢喝哪种饮料?
Nǐ xǐhuan hē nǎ zhǒng yǐnliào?

176 コーヒー　咖啡　kāfēi

私は毎日**コーヒー**を飲みます。
我每天都喝咖啡。
Wǒ měitiān dōu hē kāfēi.

177 ジュース　果汁　guǒzhī

マンゴー**ジュース**が好きです。
我喜欢喝芒果果汁。
Wǒ xǐhuan hē mángguǒ guǒzhī.

178 お茶　茶　chá

おすすめの**お茶**はどれですか？
您推荐的茶是哪款?
Nín tuījiàn de chá shì nǎ kuǎn?

Point 「ウーロン茶」は"乌龙茶"[wūlóngchá]、「紅茶」は"红茶"[hóngchá]です。

179 タピオカ
ミルクティー　珍珠奶茶　zhēnzhū nǎichá

タピオカミルクティーを飲みたいです。
我想喝珍珠奶茶。
Wǒ xiǎng hē zhēnzhū nǎichá.

180 ビール　啤酒　píjiǔ

ビールは最高ですね。
喝啤酒最爽了。
Hē píjiǔ zuì shuǎng le.

🎧 18

食材

---

181 肉

肉
ròu

北海道のジンギスカン料理が懐かしいです。
怀念北海道的烤羊肉。
Huáiniàn Běihǎidào de kǎoyángròu.

> **Point** "猪肉" [zhūròu] (豚肉)、"鸡肉" [jīròu] (鶏肉)、"牛肉" [niúròu] (牛肉)、
> "羊肉" [yángròu] (ラム・マトン) も一緒に覚えましょう。

---

182 魚

鱼
yú

日曜日、魚を釣りに行こう！
星期天我们去钓鱼！
Xīngqītiān wǒmen qù diàoyú!

> **Point** "ü" の前に子音がない場合、表記は "ü" ではなく "yu" となります。"yu"
> の発音は "ü" だということを覚えましょう。

---

183 卵

鸡蛋
jīdàn

私は卵が一番好きです。
我最爱吃鸡蛋。
Wǒ zuì ài chī jīdàn.

---

184 果物

水果
shuǐguǒ

どんな果物に美白効果があるのですか？
什么水果可以美白？
Shénme shuǐguǒ kěyǐ měibái?

> **Point** 「パイナップル」は "菠萝" [bōluó] または "凤梨" [fènglí] と呼びます。

---

185 すいか

西瓜
xīguā

すいかを食べましょう。
咱们吃西瓜吧。
Zánmen chī xīguā ba.

| 186 | りんご | 苹果
píngguǒ | りんごを2つください。
我要两个苹果。
Wǒ yào liǎng ge píngguǒ. |

| 187 | バナナ | 香蕉
xiāngjiāo | 朝ごはんに**バナナ**を食べます。
早餐吃香蕉。
Zǎocān chī xiāngjiāo. |

| 188 | ぶどう | 葡萄
pútao | この**ぶどう**、おいしいですね。
这种葡萄很好吃啊。
Zhè zhǒng pútao hěn hǎochī a. |

| 189 | 水 | 水
shuǐ | **水**を一杯ください。
给我一杯水。
Gěi wǒ yì bēi shuǐ. |

| 190 | 牛乳 | 牛奶
niúnǎi | **牛乳**はあまり好きではありません。
我不太喜欢喝牛奶。
Wǒ bútài xǐhuan hē niúnǎi. |

| 191 | 砂糖 | 糖
táng | **砂糖**はいりますが、ミルクは結構です。
我要糖，不要牛奶。
Wǒ yào táng, búyào niúnǎi. |

🎧 19
買い物 ①

---

192 買い物

购物
gòuwù

> 女性はみんな**買い物**が好きです。
> **女人都喜欢购物。**
> Nǚrén dōu xǐhuan gòuwù.

---

193 商店・店

商店
shāngdiàn

> この**店**のスイーツは超おいしいです。
> **这家商店的甜品超级好吃。**
> Zhè jiā shāngdiàn de tiánpǐn chāojí hǎochī.

---

194 市場

市场
shìchǎng

> **市場**に買い物に行きたいです。
> **我想去市场买东西。**
> Wǒ xiǎng qù shìchǎng mǎi dōngxi.

---

195 コンビニ

便利店
biànlìdiàn

> **コンビニ**が近くにあって便利です。
> **便利店就在附近，很方便。**
> Biànlìdiàn jiù zài fùjìn, hěn fāngbiàn.

---

196 スーパー
マーケット

超市
chāoshì

> **スーパー**に食材を買いにいきましょう。
> **去超市买食材吧。**
> Qù chāoshì mǎi shícái ba.

Point "超级市场" [chāojí shìchǎng] という言葉を省略して、"超市" と言うのが一般的です。

197 デパート
百货商场
bǎihuò shāngchǎng

新宿には大きな**デパート**が
たくさんあります。
新宿有很多大百货商场。
Xīnsù yǒu hěnduō dà
bǎihuò shāngchǎng.

198 書店
书店
shūdiàn

書店に寄りますか？
顺便去书店吗？
Shùnbiàn qù shūdiàn ma?

199 店員
服务员
fúwùyuán

店員さん、メニューをください。
服务员，请给我菜单。
Fúwùyuán, qǐng gěi wǒ càidān.

Point "服务员"は、店員に呼びかけるときにも使えます。

200 レジ
收银台
shōuyíntái

レジはどこですか？
收银台在哪儿？
Shōuyíntái zài nǎr?

201 レシート
收据
shōujù

レシートをください。
请给我收据。
Qǐng gěi wǒ shōujù.

202 袋（ふくろ）
袋子
dàizi

袋はいりません。
不要袋子。
Bú yào dàizi.

Point 「レジ袋」に限定したいときは、"购物袋" [gòuwùdài] を使います。

🎧 20

買い物②

---

203 買う

买
mǎi

> 美白スキンケアセットを**買い**たいです。
> **我想买**一套美白护肤品。
> Wǒ xiǎng mǎi yí tào měibái hùfūpǐn.

---

204 売る

卖
mài

> いらないものを**売り**たいです。
> **想卖掉**不需要的东西。
> Xiǎng màidiào bù xūyào de dōngxi.

---

205 お金・代金

钱
qián

> （**代金**は）いくらですか？
> **多少钱**？
> Duōshao qián?

---

206 クレジットカード

信用卡
xìnyòngkǎ

> **クレジットカード**は使えますか？
> 可以使用**信用卡**吗？
> Kěyǐ shǐyòng xìnyòngkǎ ma?

> **Point** クレジットカードが使えるか聞くときには、"可以刷卡吗？"［Kěyǐ shuā kǎ ma?］という言い方も使われます。

---

207 （値段が）高い

贵
guì

> ここのものは**高**すぎます！
> 这里的东西太**贵**了！
> Zhèli de dōngxi tài guì le!

---

208 （値段が）安い

便宜
piányi

> 少し**安く**してもらえませんか？
> **能不能便宜点?**
> Néng bu néng piányi diǎn?

209 無料

免费
miǎnfèi

> このホテルは朝食**無料**です。
> **这家酒店早餐免费。**
> Zhè jiā jiǔdiàn zǎocān miǎnfèi.

210 送料

运费
yùnfèi

> **送料**無料です。
> **免运费。**
> Miǎn yùnfèi.

211 オンラインショッピング

网上购物
wǎngshàng gòuwù

> **オンラインショッピング**は便利です。
> **网上购物很方便。**
> Wǎngshàng gòuwù hěn fāngbiàn.

 Point 略して"网购"と言う場合が多いです。

MEMO
割引などの
表現

- "8折" [bā zhé] ……「通常価格の8割の価格」すなわち「2割引」です。（「8割引」ではないので要注意。）
- "满100减30" [mǎn yìbǎi jiǎn sānshí] ……「100元以上購入したら30元引」です。
- "买一送一" [mǎi yī sòng yī] ……「1つ買ったら同一商品を無料で1つプレゼント」という意味です。 購入分だけレジに持っていく場合と、無料分も合わせて持っていく場合があるので、注意書きをよく読む必要があります。
- "限时打折" [xiànshí dǎzhé] ……「タイムセール」のことです。
- "秒杀" [miǎoshā] ……「あっという間に売り切れる」ことを表す慣用表現です。主にオンラインショップで使います。

🎧 21
病院

---

212 病院

医院
yīyuàn

午後、**病院**に行きます。
我下午去医院。
Wǒ xiàwǔ qù yīyuàn.

---

213 医者

医生
yīshēng

彼の父は**医者**です。
他爸爸是医生。
Tā bàba shì yīshēng.

Point "大夫" [dàifu] とも言います。

---

214 病気になる

生病
shēngbìng

彼女は**病気**がちです。
她很容易生病。
Tā hěn róngyì shēngbìng.

---

215 風邪をひく

感冒
gǎnmào

風邪をひきました。
我感冒了。
Wǒ gǎnmào le.

---

216 熱がある

发烧
fāshāo

熱はありますか?
发烧吗?
Fāshāo ma?

---

217 せきが出る

咳嗽
késou

> せきが出ますか？
> **咳嗽吗？**
> Késou ma?

218 太っている

胖
pàng

> 私は**太っています**。
> **我很胖。**
> Wǒ hěn pàng.

Point 「やせている」は "瘦" [shòu] です。

219 痛い

疼
téng

> 昨日から歯が**痛い**です。
> **我从昨天开始牙疼。**
> Wǒ cóng zuótiān kāishǐ yá téng.

Point "痛" [tòng] とも言います。

220 横になる

躺
tǎng

> しばらく**横になって**休んでください。
> **躺下休息一会儿吧。**
> Tǎngxia xiūxi yíhuìr ba.

221 薬

药
yào

> 頭痛**薬**を飲みました。
> **我吃了头痛药。**
> Wǒ chīle tóutòng yào.

222 マスク

口罩
kǒuzhào

> **マスク**をつけてください。
> **请戴上口罩。**
> Qǐng dàishang kǒuzhào.

Point "洗手" [xǐ shǒu]（手を洗う）(➡P.34)、"酒精消毒" [jiǔjīng xiāodú]（アルコール消毒）

感嘆詞

　会話では、驚き・同意・感嘆・理解などの気持ちを表す「感嘆詞」を
よく使います。日本語の「ああ」「ねえ」「あ」などのようなものです。

"噢" …… "噢, 我明白了。"（ああ、わかりました。）
ō　　　　　　Ō, wǒ míngbai le.

"嗯" …… "嗯, 好的。"（うん、いいよ。）
ǹg　　　　　　Ńg, hǎo de.

"哦" …… "哦, 是这样啊!"（おお、こうなんですね！）
ò　　　　　　Ò, shì zhèyàng a!

"欸" …… "欸, 你看什么呢?"（ねえ、何を見ているの？）
éi　　　　　　Éi, nǐ kàn shénme ne?

"喂" …… "喂, 您是哪位?"（もしもし、どちらさまですか？）
wéi　　　　　　Wéi, nín shì nǎ wèi?

"啊" …… "啊, 我的电脑死机了。"（あ、パソコンがフリーズした。）
ā　　　　　　Ā, wǒ de diànnǎo sǐjī le.

"咦" …… "咦! 你怎么在这儿?"（ええ！ どうしてここにいるの？）
yí　　　　　　Yí! Nǐ zěnme zài zhèr?

Chapter 4

旅行・レジャー

🎧 22
旅行 ①

---

223 旅行

旅游
lǚyóu

私の趣味は**旅行**です。
我的爱好是旅游。
Wǒde àihào shì lǚyóu.

---

224 ガイド

导游
dǎoyóu

フリーパック旅行には**ガイド**はいません。
自由行没有导游。
Zìyóuxíng méiyǒu dǎoyóu.

---

225 ガイドブック

旅行指南
lǚxíng zhǐnán

香港の**ガイドブック**を持っていますか?
你有香港旅行指南吗?
Nǐ yǒu Xiānggǎng lǚxíng zhǐnán ma?

---

226 地図

地图
dìtú

地図を見ながら行きましょう。
边看地图边走吧。
Biān kàn dìtú biān zǒu ba.

---

227 文化

文化
wénhuà

中国の**文化**を知りたいです。
我想了解中国文化。
Wǒ xiǎng liǎojiě Zhōngguó wénhuà.

---

228 中国

中国
Zhōngguó

中国に来たのは初めてです。
我第一次来中国。
Wǒ dì yī cì lái Zhōngguó.

---

229 北^ペ京^{キン}

北京
Běijīng

北京は中国の首都です。
北京是中国的首都。
Běijīng shì Zhōngguó de shǒudū.

---

230 台^{たい}湾^{わん}

台湾
Táiwān

台湾茶をおみやげに買いたいです。
我想买台湾茶叶作为礼物。
Wǒ xiǎng mǎi Táiwān cháyè zuòwéi lǐwù.

---

231 日本

日本
Rìběn

日本の東京から来ました。
我来自日本东京。
Wǒ láizì Rìběn Dōngjīng.

 「東京」は "东京" [Dōngjīng]、「大阪」は "大阪" [Dàbǎn] です。

---

232 韓^{かん}国^{こく}

韩国
Hánguó

私は韓国人ではありません。
我不是韩国人。
Wǒ bú shì Hánguórén.

---

233 アメリカ

美国
Měiguó

アメリカには一度行ったことがあります。
我去过一次美国。
Wǒ qùguo yí cì Měiguó.

🎧 23
旅行②

---

234 パスポート

护照
hùzhào

> パスポートを見せてください。
> **请出示您的护照。**
> Qǐng chūshì nín de hùzhào.

---

235 チケット

票
piào

> **チケット**の払い戻しはできますか？
> **可以退票吗？**
> Kěyǐ tuì piào ma?

---

236 ～枚

张
zhāng

> 帰りのチケットを1**枚**買いたいです。
> **我想买一张回程车票。**
> Wǒ xiǎng mǎi yì zhāng huíchéng chēpiào.

---

237 両替する

兑换
duìhuàn

> 人民元に**両替し**たいです。
> **我想兑换人民币。**
> Wǒ xiǎng duìhuàn rénmínbì.

---

238 ホテル

宾馆
bīnguǎn

> 明日は北京の**ホテル**に泊まります。
> **明天入住北京的宾馆。**
> Míngtiān rùzhù Běijīng de bīnguǎn.

 Point 「ホテル」には "酒店" [jiǔdiàn] という言い方もあります。"酒店" はサービスが充実しており、"宾馆" よりランクが上です。

239 鍵(かぎ)

钥匙
yàoshi

ホテルの鍵をなくしました。
我把酒店的钥匙丢了。
Wǒ bǎ jiǔdiàn de yàoshi diū le.

240 荷物

行李
xíngli

荷物が多くて大変です。
行李太多很麻烦。
Xíngli tài duō hěn máfan.

241 トランク

行李箱
xínglixiāng

トランクをホテルに預けたいです。
我想把行李箱寄存在酒店。
Wǒ xiǎng bǎ xínglixiāng jìcún zài jiǔdiàn.

242 マッサージ

按摩
ànmó

マッサージを受けたいです。
我想按摩。
Wǒ xiǎng ànmó.

243 カメラ

照相机
zhàoxiàngjī

このカメラは誰(だれ)のですか?
这个照相机是谁的?
Zhège zhàoxiàngjī shì shéi de?

244 写真

照片
zhàopiàn

この写真をスマホの壁紙(かべがみ)にしましょう。
用这张照片做手机壁纸吧。
Yòng zhè zhāng zhàopiàn zuò shǒujī bìzhǐ ba.

🎧 24

交通

---

245 飛行機

飞机
fēijī

> 飛行機は何時に出発しますか？
> **飞机几点起飞?**
> Fēijī jǐ diǎn qǐfēi?

---

246 空港

机场
jīchǎng

> バスで空港に行くといくらかかりますか？
> **坐大巴去机场多少钱?**
> Zuò dàbā qù jīchǎng duōshaoqián?

---

247 船

船
chuán

> 船で韓国に行きたいです。
> **我想坐船去韩国。**
> Wǒ xiǎng zuò chuán qù Hánguó.

---

248 バス

公共汽车
gōnggòng qìchē

> バスが駅に着きました。
> **公共汽车到站了。**
> Gōnggòng qìchē dào zhàn le.

---

249 地下鉄

地铁
dìtiě

> 地下鉄で博物館へ行きます。
> **坐地铁去博物馆。**
> Zuò dìtiě qù bówùguǎn.

 Point 台湾では "捷运" [jiéyùn] と言います。

250 駅

站
zhàn

駅には人が多すぎますね！
火车站里人太多了！
Huǒchēzhànli rén tài duō le!

 Point 「バス停」は"车站"、「地下鉄の駅」は"地铁站"、「列車の駅」は"火车站"などと言います。

---

251 タクシー

出租车
chūzūchē

タクシードライバーは大変です。
出租车司机好辛苦。
Chūzūchē sījī hǎo xīnkǔ.

 Point 台湾では"计程车"[jìchéngchē]と言います。

---

252 自転車

自行车
zìxíngchē

シェアリング自転車はどのように使用するのですか？
共享自行车怎么用？
Gòngxiǎng zìxíngchē zěnme yòng?

 Point 「シェアリング自転車」は"共享单车"[gòngxiǎng dānchē]とも言います。

---

253 道

路
lù

道の向こうが駅です。
路对面就是车站。
Lù duìmiàn jiù shì chēzhàn.

---

254 降りる

下
xià

次のバス停で降ります。
我在下一站下车。
Wǒ zài xià yí zhàn xià chē.

 Point "下一站"は「次の駅」という意味です。「乗車する」は"上车"[shàng chē]と言います。

MEMO
バスを表す語

「路線バス」は"公共汽车"と呼ばれてきましたが、近年は"公交车"[gōngjiāochē]（口語では"公交"）と呼ぶ人が多いです。一方、「リムジンバス」や「長距離バス」は"巴士"[bāshì]です。大きさによって"大巴"、"中巴"、"小巴"と区別されています。

🎧 25
場所・施設

---

255 遺跡（いせき）

遗迹
yíjì

> ここには多くの**遺跡**があります。
> **这里有很多遗迹。**
> Zhèlǐ yǒu hěn duō yíjì.

---

256 博物館

博物馆
bówùguǎn

> ここは有名な**博物館**ですか？
> **这是一家很有名的博物馆吗？**
> Zhè shì yì jiā hěn yǒumíng de bówùguǎn ma?

Point "美术馆" [měishùguǎn]（美術館）も一緒に覚えましょう。

---

257 動物園

动物园
dòngwùyuán

> 明日は**動物園**に行きましょう。
> **我们明天去动物园吧。**
> Wǒmen míngtiān qù dòngwùyuán ba.

---

258 劇場

剧院
jùyuàn

> この**劇場**は、雰囲気（ふんいき）がすてきです。
> **这家剧院气氛很棒。**
> Zhè jiā jùyuàn qìfēn hěn bàng.

Point "座席" [zuòxí] も覚えておくと便利です。

---

259 カラオケ

卡拉OK
kǎlāOK

> 週末、**カラオケ**に行きましょう。
> **我们周末去卡拉OK吧。**
> Wǒmen zhōumò qù kǎlāOK ba.

260 温泉

温泉
wēnquán

> ゆっくり**温泉**につかりたいですね。
> **我想悠闲地泡个温泉。**
> Wǒ xiǎng yōuxián de pào ge wēnquán.

261 公園

公园
gōngyuán

> 近くに大きな**公園**があります。
> **附近有个大公园。**
> Fùjìn yǒu ge dà gōngyuán.

262 図書館

图书馆
túshūguǎn

> **図書館**で勉強してきます。
> **我去图书馆学习啦。**
> Wǒ qù túshūguǎn xuéxí la.

263 ビル・
~（号）館・
~階

楼
lóu

> 六号**館**にはコンビニがあります。
> **六号楼有便利店。**
> Liù hào lóu yǒu biànlìdiàn.

264 入口

入口
rùkǒu

> **入口**のあたりで待っています。
> **我在入口附近等你。**
> Wǒ zài rùkǒu fùjìn děng nǐ.

 「非常口」は"紧急出口" [jǐnjí chūkǒu] と言います。

265 エレベーター

电梯
diàntī

> **エレベーター**を使いましょう。
> **咱们坐电梯吧。**
> Zánmen zuò diàntī ba.

 "自动扶梯" [zìdòng fútī]（エスカレーター）、"楼梯" [lóutī]（階段）も一緒に覚えましょう。

語気助詞

　会話では、疑問・命令・推測・感嘆などを表す「語気助詞」も使います。日本語の「〜ですか（疑問）」、「〜ですね（確認）」、「そうですね（同意）」などの終助詞と同じような役割です。「語気助詞」を覚えて、話し手や書き手がどんな口調で話しているのかをとらえましょう。

"啊" …… "好厉害啊！"（すごいですね！）
a　　　　　Hǎo lìhai a!

"吧" …… "一起去吧。"（一緒に行きましょう。）
ba　　　　Yìqǐ qù ba.

"呢" …… "我的手机呢？"（私の携帯電話は？）
ne　　　　Wǒ de shǒujī ne?

"吗" …… "你好吗？"（お元気ですか？）
ma　　　　Nǐ hǎo ma?

"了" …… "我吃饱了。"（お腹がいっぱいになった。）
le　　　　Wǒ chībǎo le.

"啦" …… "吃饭啦！"（ご飯ですよ！）
la　　　　Chīfàn la!

"嘛" …… "一起去玩儿嘛。"（一緒に遊びに行こうよ。）
ma　　　　Yìqǐ qù wánr ma.

Chapter
5

趣味・エンタメ

🎧 26

趣味・スポーツ

---

266 趣味(しゅみ)

爱好
àihào

趣味は何ですか？
你的爱好是什么？
Nǐ de àihào shì shénme?

---

267 歌を歌う

唱歌
chàng gē

彼(かれ)は**歌を歌う**のが上手です。
他唱歌唱得很好。
Tā chàng gē chàngde hěn hǎo.

---

268 ピアノを
弾(ひ)く

弹钢琴
tán gāngqín

君は**ピアノが弾け**ますか？
你会弹钢琴吗？
Nǐ huì tán gāngqín ma?

Point "吉他" [jítā]（ギター）、"贝斯" [bèisī]（ベース）、"架子鼓" [jiàzigǔ]（ドラム）も覚えましょう。

---

269 運動・
スポーツ

运动
yùndòng

私は**スポーツ**が苦手です。
我不擅长运动。
Wǒ bú shàncháng yùndòng.

Point 「スポーツジム」は "健身房" [jiànshēnfáng]、「パーソナルトレーニング」は "个人训练" [gèrén xùnliàn] です。

---

270 練習する

练习
liànxí

午前8時から野球の**練習**をします。
我从上午八点开始练习棒球。
Wǒ cóng shàngwǔ bā diǎn kāishǐ liànxí bàngqiú.

271 ダンスを
する

跳舞
tiàowǔ

> ダンス**をする**とダイエットできますか？
> **跳舞**能不能减肥？
> Tiàowǔ néng bu néng jiǎnféi?

---

272 バスケット
ボールを
する

打篮球
dǎ lánqiú

> 私は**バスケットボール**ができません。
> 我不会**打篮球**。
> Wǒ bú huì dǎ lánqiú.

---

273 サッカーを
する

踢足球
tī zúqiú

> 彼は小さいころから**サッカーをして**います。
> 他从小就**踢足球**。
> Tā cóng xiǎo jiù tī zúqiú.

---

274 ジョギング
する

跑步
pǎobù

> 毎朝**ジョギング**しています。
> 我每天早晨都去**跑步**。
> Wǒ měitiān zǎochen dōu qù pǎobù.

> **Point** 「ジョギング」も「ランニング」も"跑步"と言います。「ランニングマシン」
> は"跑步机"[pǎobùjī] です。

---

275 泳ぐ

游泳
yóuyǒng

> やっと**泳げる**ようになりました。
> 我终于会**游泳**了。
> Wǒ zhōngyú huì yóuyǒng le.

---

276 山に登る

爬山
pá shān

> 山登(のぼ)りは疲れますが、楽しいです。
> **爬山**很累，但是很快乐。
> Pá shān hěn lèi, dànshì hěn kuàilè.

> **Point** 「キャンプ」は"露营"[lùyíng]、「ソロキャンプ」は"独自露营"[dúzì
> lùyíng] と言います。

🎧 27

ファッション

---

277 服

衣服
yīfu

服が安くなりました。
衣服便宜了。
Yīfu piányi le.

---

278 ファッション・
流行の服装

时装
shízhuāng

彼女(かのじょ)は**ファッション**デザイナーです。
她是时装设计师。
Tā shì shízhuāng shèjìshī.

---

279 レディース・
婦人服

女装
nǚzhuāng

このブランドの**婦人服**は人気があります。
这个品牌的女装很受欢迎。
Zhège pǐnpái de nǚzhuāng hěn shòu huānyíng.

(Point) 「メンズ(紳士服)」は "男装" [nánzhuāng] です。

---

280 ズボン

裤子
kùzi

青色の**ズボン**はありますか?
有没有蓝色裤子?
Yǒu méiyǒu lánsè kùzi?

(Point) 「ジーンズ」は "牛仔裤" [niúzǎikù] と言います。

---

281 スカート

裙子
qúnzi

この**スカート**、とてもかわいいですね。
这条裙子非常可爱。
Zhè tiáo qúnzi fēicháng kě'ài.

(Point) 「ミニスカート」は "迷你裙" [mínǐqún]、「ロングスカート」は "长裙"
[chángqún] と言います。

282 シャツ・ブラウス

衬衫
chènshān

この**シャツ**にはどんなジャケットが合いますか？
这件衬衫配什么外套好看呢？
Zhè jiàn chènshān pèi shénme wàitào hǎokàn ne?

 "长袖" [chángxiù]（長袖）、"短袖" [duǎnxiù]（半袖）、"无袖" [wúxiù]（ノースリーブ）も覚えましょう。

---

283 水着

泳衣
yǒngyī

今年の**水着**はデザインが豊富です。
今年的泳衣款式很多。
Jīnnián de yǒngyī kuǎnshì hěn duō.

---

284 着る・はく

穿
chuān

今年はオーバーオールを**着る**のがはやっています。
今年流行穿减龄裤。
Jīnnián liúxíng chuān jiǎnlíngkù.

 「試着する」は "试穿" [shìchuān]、「試着室」は "试衣间" [shìyījiān] です。

---

285 服のサイズ

衣服尺寸
yīfu chǐcùn

ネットで服を買うときは、**服のサイズ**に注意してください。
网购衣服时要注意衣服尺寸。
Wǎnggòu yīfu shí yào zhùyì yīfu chǐcùn.

 "大号" [dàhào]（Lサイズ）、"中号" [zhōnghào]（Mサイズ）、"小号" [xiǎohào]（Sサイズ）も覚えましょう。

---

286 色

颜色
yánsè

どんな**色**の服が肌がきれいに見えますか？
哪种颜色的衣服显得皮肤美？
Nǎ zhǒng yánsè de yīfu xiǎnde pífū měi?

 「白」は "白" [bái]、「黒」は "黑" [hēi]、「赤」は "红" [hóng] です。

---

287 手洗いする

用手洗
yòng shǒu xǐ

この生地の服は**手洗い**しなければなりません。
这种面料的衣服要用手洗。
Zhè zhǒng miànliào de yīfu yào yòng shǒu xǐ.

 "干洗" [gānxǐ]（ドライクリーニング）、"机洗" [jīxǐ]（洗濯機洗い）も覚えておくと安心です。

🎧 28

服飾品・アクセサリー

---

288 帽子（ぼうし）

帽子
màozi

> どんな色の**帽子**が一番日焼け防止できるのですか？
> **什么颜色的帽子最防晒？**
> Shénme yánsè de màozi zuì fángshài?

---

289 眼鏡

眼镜
yǎnjìng

> 私にはどのような**眼鏡**が似合いますか？
> **我适合戴什么样的眼镜？**
> Wǒ shìhé dài shénmeyàng de yǎnjìng?

Point 「コンタクトレンズ」は "隐形眼镜" [yǐnxíng yǎnjìng] です。

---

290 アクセサリー

饰品
shìpǐn

> 私は小さな**アクセサリー**を買うのが好きです。
> **我喜欢买小饰品。**
> Wǒ xǐhuan mǎi xiǎo shìpǐn.

Point 「ネックレス」は "项链" [xiàngliàn]、「ブレスレット」は "手镯" [shǒuzhuó] と言います。

---

291 イヤリング

耳环
ěrhuán

> この**イヤリング**、かわいいですね！
> **这个耳环好可爱啊！**
> Zhège ěrhuán hǎo kě'ài a!

Point "耳环" には「ピアス」の意味もありますが、"耳钉" [ěrdīng]（ピアス）という語もあります。

---

292 指輪

戒指
jièzhi

> 彼は結婚（けっこん）**指輪**（かれ）をしています。
> **他戴着结婚戒指。**
> Tā dàizhe jiéhūn jièzhi.

293 腕時計 〔うで ど けい〕

手表
shǒubiǎo

スマート**ウォッチ**を買いたいです。
我想买一块智能手表。
Wǒ xiǎng mǎi yí kuài zhìnéng shǒubiǎo.

---

294 バッグ

包
bāo

週末、アウトレットに**バッグ**を買いに行くつもりです。
我打算周末去奥特莱斯买个包.
Wǒ dǎsuàn zhōumò qù àotèláisī mǎi ge bāo.

---

295 財布

钱包
qiánbāo

長**財布**が使いやすいと思います。
我觉得长款钱包好用。
Wǒ juéde chángkuǎn qiánbāo hǎo yòng.

---

296 ハンカチ

手帕
shǒupà

結婚式に参加するには白い**ハンカチ**が必要です。
参加婚礼要用白色手帕。
Cānjiā hūnlǐ yào yòng báisè shǒupà.

---

297 傘 〔かさ〕

伞
sǎn

中国では彼女に**傘**を贈るのは縁起が悪いです。
在中国送女朋友伞不吉利。
Zài Zhōngguó sòng nǚpéngyou sǎn bù jílì.

 Point「傘を差す」は "打伞" [dǎ sǎn] です。

---

298 靴 〔くつ〕

鞋
xié

昨日、運動**靴**を買いました。
昨天买了一双运动鞋。
Zuótiān mǎile yì shuāng yùndòngxié.

🎧 29

化粧品・美容

---

299 化粧をする（け しょう）

化妆
huàzhuāng

彼女は**化粧をし**ているところですよ。（かのじょ）
她正化妆呢。
Tā zhèng huàzhuāng ne.

Point 「化粧品」は "化妆品" [huàzhuāngpǐn] です。

---

300 クリーム

乳霜
rǔshuāng

どのブランドの**クリーム**が使いやすいですか？
哪个牌子的乳霜好用？
Nǎge páizi de rǔshuāng hǎo yòng?

---

301 アイシャドウ

眼影
yǎnyǐng

肌の色に合わせて**アイシャドウ**を選んでください。（はだ）
要根据肤色选眼影。
Yào gēnjù fūsè xuǎn yǎnyǐng.

Point "闪粉" [shǎnfěn]（ラメ入りパウダー）、"哑光" [yǎguāng]（マット）も覚えると便利です。

---

302 チーク

腮红
sāihóng

どの色の**チーク**がきれいですか？
哪种颜色的腮红好看？
Nǎ zhǒng yánsè de sāihóng hǎokàn?

---

303 口紅

口红
kǒuhóng

さくらんぼ色の**口紅**を買いました。
我买了樱桃红的口红。
Wǒ mǎile yīngtáohóng de kǒuhóng.

304 パック

面膜
miànmó

どの保湿(ほしつ)パックが最も効果がありますか？
哪种保湿面膜效果最好？
Nǎ zhǒng bǎoshī miànmó xiàoguǒ zuì hǎo?

---

305 ネイル

美甲
měijiǎ

なぜ日本式ネイルは人気なのですか？
为什么日式美甲很火？
Wèi shénme Rìshì měijiǎ hěn huǒ?

 「ネイルアート」は "指甲彩绘" [zhǐjiǎ cǎihuì] と言います。

---

306 パーソナルカラー

个人色彩
gèrén sècǎi

あなたのパーソナルカラーはどのタイプですか？
你的个人色彩是哪个类型？
Nǐ de gèrén sècǎi shì nǎge lèixíng?

 「イエローベース」は "暖皮" [nuǎnpí]、「ブルーベース」は "冷皮" [lěngpí] などと言います。

---

307 髪(かみ)を切る

剪头发
jiǎn tóufa

髪を切ったら、さっぱりしました。
剪了头发，感觉很清爽。
Jiǎnle tóufa, gǎnjué hěn qīngshuǎng.

 "染发" [rǎnfà] (髪の毛を染める)、"烫发" [tàngfà] (パーマをかける) も覚えましょう。

---

308 ダイエットする

减肥
jiǎnféi

明日からダイエットします。
明天开始减肥。
Míngtiān kāishǐ jiǎnféi.

MEMO
中国コスメ

中国のコスメブランドが東アジアを中心とする世界各国で注目されています。中国の伝統的なモチーフをあしらった華やかなパッケージや、イギリスの博物館とのコラボで生まれた芸術品のようなアイシャドウなど、各社が個性を競っています。

🎧 30
芸能人

---

309 芸能人

艺人
yìrén

> 芸能人の悩(なや)みは何だと思いますか？
> **你认为艺人的烦恼是什么?**
> Nǐ rènwéi yìrén de fánnǎo shì shénme?

---

310 ファン

粉丝
fěnsī

> 日本には韓国(かんこく)アイドルの**ファン**がたくさんいます。
> **日本有很多韩国爱豆的粉丝。**
> Rìběn yǒu hěn duō Hánguó àidòu de fěnsī.

> **Point** ファンクラブは "粉丝俱乐部" [fěnsī jùlèbù] と言います。

---

311 応援(おう)援(えん)する

支持
zhīchí

> ずっと好きなアイドルを**応援し**ています。
> **我一直支持我喜欢的偶像。**
> Wǒ yìzhí zhīchí wǒ xǐhuan de ǒuxiàng.

---

312 手紙

信
xìn

> アイドルに**手紙**で告白します。
> **给爱豆写信表白。**
> Gěi àidòu xiě xìn biǎobái.

---

313 有名だ

有名
yǒumíng

> この歌手は中国で**有名です**か？
> **这个歌手在中国有名吗?**
> Zhège gēshǒu zài Zhōngguó yǒumíng ma?

314 人気がある

受欢迎
shòu huānyíng

一番**人気がある**アイドルは誰ですか？
最受欢迎的爱豆是谁？
Zuì shòu huānyíng de àidòu shì shéi?

315 かっこいい

酷
kù

彼は**かっこいい**です。
他很**酷**。
Tā hěn kù.

Point 英語のcoolが由来です。

316 イケメン

帅哥
shuàigē

その俳優は**イケメン**ですね。
那个演员是个**帅哥**。
Nàge yǎnyuán shì ge shuàigē.

317 かわいい

可爱
kě'ài

彼女はとても**かわいい**女の子です。
她是一个很**可爱的**女孩儿。
Tā shì yí ge hěn kě'ài de nǚháir.

318 きれいだ

漂亮
piàoliang

彼女は優しくて**きれい**です。
她很温柔，也很**漂亮**。
Tā hěn wēnróu, yě hěn piàoliang.

319 美人

美女
měinǚ

この**美人**は誰ですか？
这个**美女**是谁？
Zhège měinǚ shì shéi?

🎧 31

音楽・テレビ・映画

---

320 音楽

音乐
yīnyuè

> 癒(いや)し系の**音楽**が好きです。
> **我喜欢听治愈系音乐。**
> Wǒ xǐhuan tīng zhìyùxì yīnyuè.

Point 「イヤホン」は"耳机" [ěrjī] と言います。

---

321 歌手

歌手
gēshǒu

> 彼(かれ)の夢は**歌手**になることです。
> **他的梦想是当一名歌手。**
> Tā de mèngxiǎng shì dāng yì míng gēshǒu.

---

322 アイドル

偶像
ǒuxiàng

> どの**アイドル**のファンですか?
> **你是哪个偶像的粉丝?**
> Nǐ shì nǎge ǒuxiàng de fěnsī?

Point 英語のidolの音訳で、"爱豆" [àidòu] とも言います。

---

323 リリース
する

发布
fābù

> このアイドルグループは去年3枚のシングルを**リリース**しました。
> **这个偶像团体去年发布了三首单曲。**
> Zhège ǒuxiàng tuántǐ qùnián fābùle sān shǒu dānqǔ.

Point シングルは"单曲" [dānqǔ]、アルバムは"专辑" [zhuānjí] です。

---

324 ライブ

演唱会
yǎnchànghuì

> 昨晩、オンライン**ライブ**を見ました。
> **昨晚看了线上演唱会。**
> Zuówǎn kànle xiànshàng yǎnchànghuì.

Point "音乐会" [yīnyuèhuì] (コンサート)、"钢笔手电筒" [gāngbǐ shǒudiàntǒng]
(ペンライト) も覚えておくと便利です。

325 テレビ番組

电视节目
diànshì jiémù

今日はおもしろい**テレビ番組**がありますか？
今天有好看的电视节目吗?
Jīntiān yǒu hǎokàn de diànshì jiémù ma?

326 ドラマ

电视剧
diànshìjù

そのドラマは3話まで見ました。
那部电视剧看到第三集了。
Nà bù diànshìjù kàndào dì sān jí le.

327 生放送を
する

直播
zhíbō

紅白歌合戦は**生放送**中です。
红白歌会正在直播。
Hóngbái gēhuì zhèngzài zhíbō.

328 映画

电影
diànyǐng

ホラー**映画**は好きではありません。
我不喜欢看恐怖电影。
Wǒ bù xǐhuan kàn kǒngbù diànyǐng.

 Point 「映画館」は"电影院"[diànyǐngyuàn] です。

329 俳優

演员
yǎnyuán

僕(ぼく)が一番好きな**俳優**はアメリカ人です。
我最喜欢的演员是美国人。
Wǒ zuì xǐhuan de yǎnyuán shì Měiguórén.

330 吹(ふ)き替(か)え

配音
pèiyīn

この韓国(かんこく)ドラマには日本語の**吹き替え**があります。
这部韩剧有日语配音。
Zhè bù Hánjù yǒu Rìyǔ pèiyīn.

🎧 32

アニメ・マンガ・ゲーム

---

331 アニメ

动漫
dòngmàn

> 中国**アニメ**の魅力は何ですか？
> **中国动漫**有什么魅力？
> Zhōngguó dòngmàn yǒu shénme mèilì?

---

332 主題歌

主题曲
zhǔtíqǔ

> この映画の**主題歌**はとてもいいです。
> **这部电影的主题曲**很好听。
> Zhè bù diànyǐng de zhǔtíqǔ hěn hǎotīng.

Point 「オープニング曲」は"片头曲" [piàntóuqǔ]、「エンディング曲」は"片尾曲" [piànwěiqǔ]、「挿入歌」は"插曲" [chāqǔ] です。

---

333 声優

声优
shēngyōu

> **声優**になりたいです。
> 我想当**声优**。
> Wǒ xiǎng dāng shēngyōu.

---

334 マンガ

漫画
mànhuà

> どんなタイプの**マンガ**が好きですか？
> 你喜欢看哪种类型的**漫画**？
> Nǐ xǐhuan kàn nǎ zhǒng lèixíng de mànhuà?

Point "动漫化" [dòngmànhuà]（アニメ化）、"电影化" [diànyǐnghuà]（映画化）も覚えましょう。

---

335 ゲーム

游戏
yóuxì

> **ゲーム**をするのは好きですか？
> 你喜欢打**游戏**吗？
> Nǐ xǐhuan dǎ yóuxì ma?

Point "手游" [shǒuyóu]（スマートフォンのゲーム）、"桌上游戏" [zhuōshang yóuxì]（ボードゲーム）も覚えましょう。

336	遊ぶ	玩儿 wánr

一緒にゲームで**遊び**ましょう。
我们一起玩儿游戏吧。
Wǒmen yìqǐ wánr yóuxì ba.

337	イベント	活动 huódòng

先週末、**イベント**に参加しました。
上周末参加了一个**活动**。
Shàng zhōumò cānjiāle yí ge huódòng.

338	キャラクター	角色 juésè

彼女にはかわいい**キャラクター**が似合います。
她适合扮演可爱的**角色**。
Tā shìhé bànyǎn kě'ài de juésè.

339	コスプレ	角色扮演 juésè bànyǎn

コスプレをするのにはお金がかかります。
角色扮演要花钱。
Juésè bànyǎn yào huā qián.

340	グッズ	商品 shāngpǐn

アニメ**グッズ**を集めるのが好きです。
我喜欢收藏动漫**商品**。
Wǒ xǐhuan shōucáng dòngmàn shāngpǐn.

 「リストバンド」は"腕带" [wàndài]、「アクリルスタンド」は"亚克力立牌" [yàkèlì lìpái] などと言います。

MEMO
中国アニメ

近年、中国国内で大ヒットしたアニメ作品が日本など外国にも進出するようになりました。ストーリーのおもしろさや魅力的なキャラクターに加え、実力派アニメーターによる迫力のあるアニメーションも高く評価されています。

🎧 33

インターネット

---

341 アプリ

应用软件
yìngyòng ruǎnjiàn

どの翻訳アプリを使っていますか？
你使用哪个翻译应用软件?
Nǐ shǐyòng nǎge fānyì yìngyòng ruǎnjiàn?

---

342 ウェブ
サイト

网站
wǎngzhàn

どのウェブサイトで日本のドラマを見られますか？
哪个网站可以看日剧?
Nǎge wǎngzhàn kěyǐ kàn Rìjù?

Point "官网" [guānwǎng] (公式サイト)、"上网" [shàngwǎng] (インターネットを使う) も覚えましょう。

---

343 検索する

搜索
sōusuǒ

スマホで近くのカフェを検索します。
用手机搜索附近的咖啡店。
Yòng shǒujī sōusuǒ fùjìn de kāfēidiàn.

---

344 動画

视频
shìpín

時間があれば動画を見ます。
我一有时间就看视频。
Wǒ yì yǒu shíjiān jiù kàn shìpín.

---

345 ダウンロード
する

下载
xiàzài

カメラアプリをダウンロードしました。
下载了一个相机应用软件。
Xiàzàile yí ge xiàngjī yìngyòng ruǎnjiàn.

Point 「アップロードする」は "上传" [shàngchuán] です。

---

346 共有する

分享
fēnxiǎng

今日撮った写真をみんなと**共有し**ます。
与大家分享今天拍的照片。
Yǔ dàjiā fēnxiǎng jīntiān pāi de zhàopiàn.

 「リンク」は "链接" [liànjiē] です。

---

347 ユーザー

用户
yònghù

ユーザーパスワードを設定してください。
请设置**用户**密码。
Qǐng shèzhì yònghù mìmǎ.

---

348 アカウント

账户
zhànghù

私の**アカウント**をフォローしてくださいね！
请关注我的**账户**！
Qǐng guānzhù wǒ de zhànghù!

 "我的最爱" [wǒ de zuì ài]（お気に入り）、"收藏" [shōucáng]（ブックマーク）も覚えると便利です。

---

349 サインイン
する

注册
zhùcè

このアカウントは**サインイン**済みです。
此账号已**注册**。
Cǐ zhànghào yǐ zhùcè.

 「ログイン」は "登录" [dēnglù]、「ログアウト」は "退出" [tuìchū]、「パスワード」は "密码" [mìmǎ] です。

---

350 メール
アドレス

邮件地址
yóujiàn dìzhǐ

メールアドレスを教えてください。
请告诉我你的**邮件地址**。
Qǐng gàosu wǒ nǐ de yóujiàn dìzhǐ.

 "邮箱" [yóuxiāng] は「メールボックス」という意味です。

---

351 メッセージ・
コメント

留言
liúyán

コメントありがとうございます。
谢谢你的**留言**。
Xièxie nǐ de liúyán.

インターネット用語

　メールやSNS、ゲーム内のチャットなどでは、以下のような表現が使われます。

・元の漢字と発音の似ている**数字**を並べたもの

　　"520"(愛しています) ← "我爱你"
　　wǔ èr líng　　　　　　　wǒ ài nǐ

　　"995"(助けて) ← "救救我"
　　jiǔ jiǔ wǔ　　　　　jiùjiu wǒ

・ピンインの頭文字をとって**アルファベット**で表したもの

　　"bhys"(すみません) ← "不好意思"
　　　　　　　　　　　　　 bù hǎoyìsi

　　"yyds"((あるコミュニティの中で)無敵だ・神だ)
　　　　　　　　　　　　　 ← "永远的神"
　　　　　　　　　　　　　　 yǒng yuǎn de shén

・数字とアルファベットの**混合**

　　"3Q"(ありがとう) ← thank you

Chapter

6

時・行事・自然

🎧 34

年・月・日

---

352 ～年

年
nián

> 今年は２０２１**年**です。
> **今年**二〇二一**年**。
> Jīnnián èr líng èr yī nián.

---

353 ～月

月
yuè

> 四**月**は入学シーズンです。
> **四月**是开学季。
> Sì yuè shì kāixué jì.

---

354 ～日

日
rì

> ２月14**日**はバレンタインデーです。
> 二月十四**日**是情人节。
> Èr yuè shísì rì shì Qíngrénjié.

 書き言葉では "日" ですが、話し言葉では "号" [hào] を使います。

---

355 ～曜日・
～週

星期
xīngqī

> 毎週水**曜日**は在宅勤務です。
> 我每个**星期**三在家办公。
> Wǒ měige xīngqīsān zài jiā bàngōng.

---

356 今年

今年
jīnnián

> **今年**、友達と海外旅行に行きます。
> **今年**我和朋友去国外旅游。
> Jīnnián wǒ hé péngyou qù guówài lǚyóu.

 "去年" [qùnián]（去年）、"明年" [míngnián]（来年）、"每年" [měinián]（毎年）も覚えましょう。

357 今月

这个月
zhège yuè

> 今月、何か予定がありますか？
> **这个月你有什么计划吗？**
> Zhège yuè nǐ yǒu shénme jìhuà ma?

Point "上个月" [shàng ge yuè]（先月）、"下个月" [xià ge yuè]（来月）、"每月" [měiyuè]（毎月）も覚えましょう。

358 週末

周末
zhōumò

> 週末にバーベキューに行きましょう。
> **周末一起去烧烤吧。**
> Zhōumò yìqǐ qù shāokǎo ba.

359 昨日

昨天
zuótiān

> 昨日、ワクチンを打ちました。
> **昨天我去打疫苗了。**
> Zuótiān wǒ qù dǎ yìmiáo le.

Point 「おととい」は "前天" [qiántiān] と言います。

360 今日

今天
jīntiān

> 今日はとても楽しかったです。
> **我今天很开心。**
> Wǒ jīntiān hěn kāixīn.

361 明日

明天
míngtiān

> 明日は母の日です。
> **明天是母亲节。**
> Míngtiān shì Mǔqīnjié.

Point 「あさって」は "后天" [hòutiān] と言います。

MEMO
曜日の
言い方

「月曜日」から「土曜日」までは星期一、星期二、星期三、星期四、星期五、星期六と言います。「日曜日」は星期日（天）[xīngqīrì (xīngqītiān)] です。近年は "星期" の代わりに "周" [zhōu] も使われます。

🎧 35

時間帯・時間

---

362 時間

时间
shíjiān

明日は**時間**がありますか？
你明天有时间吗?
Nǐ míngtiān yǒu shíjiān ma?

---

363 朝

早上
zǎoshang

私は毎**朝**6時に起きます。
我每天早上六点起床。
Wǒ měitiān zǎoshang liù diǎn qǐchuáng.

---

364 午前

上午
shàngwǔ

明日の**午前中**に図書館で会いましょう。
明天上午在图书馆见。
Míngtiān shàngwǔ zài túshūguǎn jiàn.

(Point)「午後」は"下午"[xiàwǔ]と言います。

---

365 昼

中午
zhōngwǔ

昼は何を食べる予定ですか？
中午打算吃什么?
Zhōngwǔ dǎsuàn chī shénme?

---

366 夜

晚上
wǎnshang

私は**夜**9時に家に帰ります。
我晚上九点回家。
Wǒ wǎnshang jiǔ diǎn huí jiā.

---

367 〜時
（時刻を表す）

点
diǎn

> 何**時**になりましたか？
> **几点了？**
> Jǐ diǎn le?

368 〜分
（時刻を表す）

分
fēn

> 9時20**分**の電車で銀座に行きます。
> **我坐九点二十分的车去银座。**
> Wǒ zuò jiǔ diǎn èrshí fēn de chē qù Yínzuò.

369 〜時間

小时
xiǎoshí

> 毎日8**時間**仕事をしています。
> **我每天工作八个小时。**
> Wǒ měitiān gōngzuò bā ge xiǎoshí.

370 〜分間

分钟
fēnzhōng

> 5**分間**で朝食をつくり終えます。
> **五分钟做完早餐。**
> Wǔ fēnzhōng zuòwán zǎocān.

371 〜のとき・
〜のころ

时候
shíhou

> 私は小さい**ころ**、上海（シャンハイ）に住んでいました。
> **我小时候住在上海。**
> Wǒ xiǎo shíhou zhùzài Shànghǎi.

 Point　中国語で「最近」は "最近" [zuìjìn] と言い、未来のできごとにも使えます。

372 今

现在
xiànzài

> **今**どこにいますか？
> **你现在在哪儿？**
> Nǐ xiànzài zài nǎr?

 Point　"刚才" [gāngcái]（さきほど、ついさっき）という表現もあります。

🎧 36
季節・行事

---

373 季節

季节
jìjié

> どの**季節**が一番好きですか?
> **你最喜欢哪个季节?**
> Nǐ zuì xǐhuan nǎge jìjié?

---

374 春

春天
chūntiān

> **春**が来ました。
> **春天来了。**
> Chūntiān lái le.

---

375 夏

夏天
xiàtiān

> **夏**はよく泳ぎに行きます。
> **夏天我常常去游泳。**
> Xiàtiān wǒ chángcháng qù yóuyǒng.

Point 夏至は "夏至" [xiàzhì] と言い、北京では "炸酱面" [zhájiàngmiàn] を食べる習慣があります。

---

376 秋

秋天
qiūtiān

> **秋**に紅葉を見に行きましょう。
> **秋天一起去看红叶吧。**
> Qiūtiān yìqǐ qù kàn hóngyè ba.

---

377 冬

冬天
dōngtiān

> 北海道の**冬**は寒いです。
> **北海道的冬天很冷。**
> Běihǎidào de dōngtiān hěn lěng.

Point 冬至は "冬至" [dōngzhì] と言い、北京では "饺子" [jiǎozi] を食べる習慣があります。

378 夏休み

暑假
shǔjià

夏休みに実家に帰りますか？
暑假你回老家吗?
Shǔjià nǐ huí lǎojiā ma?

379 春節_{しゅんせつ}

春节
chūnjié

春節は中国の伝統的な祭日です。
春节是中国的传统节日。
Chūnjié shì Zhōngguó de chuántǒng jiérì.

 "春节" は中華圏で最も重要な祝日「旧正月」です。

380 おおみそか

除夕
chúxī

中国の**おおみそか**はとてもにぎやかです。
中国的除夕非常热闹。
Zhōngguó de chúxī fēicháng rènao.

 春節の前夜が "除夕" です。

381 誕生日

生日
shēngri

誕生日おめでとう！
祝你生日快乐!
Zhù nǐ shēngri kuàilè!

382 プレゼント

礼物
lǐwù

女の子はどんな**プレゼント**が好きですか？
女孩子喜欢什么礼物?
Nǚháizi xǐhuan shénme lǐwù?

MEMO
春節と
おおみそか

"春节" には、家族で豪華な料理を食べたり、親戚や友人に会ったりして、新年を祝います。旅行先で春節を迎える人も増えてきました。"除夕" には、年越し餃子などの "年夜饭" [niányèfàn]（年越し料理）を食べる習慣があります。

🎧 37
天候

---

383 ◄ 天気

天气
tiānqì

最近**天気**があまりよくないです。
最近天气不太好。
Zuìjìn tiānqì bútài hǎo.

---

384 ◄ 晴れ

晴
qíng

雨のち**晴れ**。
雨转晴。
Yǔ zhuǎn qíng.

> Point "晴天" [qíngtiān] は「晴れた日」という意味の語で、「今日は晴れです。」
> は「今天是晴天。」のように言います。

---

385 ◄ 曇っている

阴
yīn

空はずっと**曇ってい**ます。
天空一直阴着。
Tiānkōng yìzhí yīnzhe.

> Point "阴天" [yīntiān] は「曇った日」という意味の語で、「明日は曇りです。」は
> "明天是阴天。" のように言います。

---

386 ◄ 雨が降る

下雨
xià yǔ

雨が降ってきました。
下雨了。
Xià yǔ le.

> Point ここでの "下" は「降る」という意味です。

---

387 ◄ 雪が降る

下雪
xià xuě

雪の日が好きです。
我喜欢下雪天。
Wǒ xǐhuan xià xuě tiān.

388	暑い	热 rè	どうして夏がますます**暑く**なっているのですか？ **为什么夏天越来越热?** Wèi shénme xiàtiān yuè lái yuè rè?

389	寒い	冷 lěng	東京の冬はあまり**寒く**ありません。 **东京的冬天不太冷。** Dōngjīng de dōngtiān bútài lěng.

390	涼^{すず}しい	凉快 liángkuai	今日はとても**涼しい**です。 **今天好凉快。** Jīntiān hǎo liángkuai.

391	太陽	太阳 tàiyáng	**太陽**が出てきたよ！ **太阳出来了！** Tàiyáng chūlai le!

392	月	月亮 yuèliang	今夜は**月**がきれいですね。 **今晚月亮很美。** Jīnwǎn yuèliang hěn měi.

393	雲	云 yún	空には**雲**ひとつありません。 **天空没有一片云。** Tiānkōng méiyǒu yí piàn yún.

🎧 38

生き物

---

394 動物

动物
dòngwù

> 動物を大切にしてください。
> **请爱护动物。**
> Qǐng àihù dòngwù.

Point "考拉" [kǎolā] (コアラ)、"企鹅" [qǐ'é] (ペンギン)、"海豚" [hǎitún] (イルカ) も覚えましょう。

---

395 犬

狗
gǒu

> 犬を飼うと毎日楽しいです。
> **养狗每天都很开心.**
> Yǎng gǒu měitiān dōu hěn kāixīn.

Point 犬の鳴き声「ワンワン」は、"汪汪" [wāngwāng] です。

---

396 猫（ねこ）

猫
māo

> 猫を飼っていると本当に癒（いや）されます！
> **养猫真的太治愈了！**
> Yǎng māo zhēnde tài zhìyù le!

Point 猫の鳴き声「ニャーニャー」は、"喵喵" [miāomiāo] です。

---

397 うさぎ

兔子
tùzi

> うさぎを飼ったことはありません。
> **我没养过兔子。**
> Wǒ méi yǎngguo tùzi.

---

398 熊（くま）

熊
xióng

> テディベアが好きです。
> **我喜欢泰迪熊。**
> Wǒ xǐhuan Tàidíxióng.

399 パンダ
熊猫
xióngmāo

動物園に**パンダ**を見に行きましょう。
我们去动物园看熊猫吧。
Wǒmen qù dòngwùyuán kàn xióngmāo ba.

400 鳥
鸟
niǎo

鳥の鳴き声を聞くのが好きです。
我喜欢听鸟叫声。
Wǒ xǐhuan tīng niǎo jiàoshēng.

401 虫
虫子
chóngzi

虫に刺(さ)されてかゆいです。
被虫子叮了，很痒。
Bèi chóngzi dīngle, hěn yǎng.

402 花
花
huā

一緒(いっしょ)にお**花**見に行きましょう。
我们一起去看樱花吧。
Wǒmen yìqǐ qù kàn yīnghuā ba.

 "莲花" [liánhuā] (ハスの花)、**"兰花"** [lánhuā] (蘭) も覚えましょう。

403 ジャスミン
茉莉花
mòlìhuā

ジャスミン茶を飲んだことがありますか?
你喝过茉莉花茶吗?
Nǐ hēguo mòlìhuāchá ma?

404 ばら
玫瑰
méiguì

彼女(かのじょ)に**ばら**の花を贈(おく)ります。
送玫瑰花给女朋友。
Sòng méiguihuā gěi nǚpéngyou.

スマホでピンイン入力

スマートフォンやタブレットなどで「ピンイン入力」をしたい場合は、まず「簡体中国語」をキーボードに追加しましょう。方法は端末によって異なりますが、本書ではiPhoneを例として説明を行います。

①設定 ➡ ②「一般」を選択
➡ ③「キーボード」を選択
➡ ④もう一度「キーボード」を選択
➡ ⑤「新しいキーボードを追加」を選択
➡ ⑥「中国語（簡体字）」を選択
➡ ⑦「拼音－QWERTY」を選択 ➡ 完了！

◆声調記号の入力方法
　「拼音－QWERTY」キーボードを表示した状態で、「a」「o」「e」「i」「u」「v」を長押しすると、声調つきのアルファベットが現れます。「ü」を入力したい場合は、「v」を押しましょう。

◆予測変換機能
　入力したい漢字のピンインの最初のアルファベットを入力するだけで、変換候補が表示される**予測変換機能**もあります。例えば、"你好"（こんにちは）を入力したい場合は、まず"你好"のピンイン[nǐ hǎo]の頭文字である「nh」を入力してみましょう。変換候補に「您好、你还、你好」などが表示されるので、「你好」をタッチすれば入力完了です。

Chapter
7

便利な言葉

🎧 39
疑問を表す語

---

405 誰 <small>だれ</small>

谁
shéi

> 誰が彼<small>かれ</small>に告白したのですか？
> **是谁向他告白了?**
> Shì shéi xiàng tā gàobái le?

Point "哪位" [nǎ wèi]（どなた）という表現もあります。

---

406 どれ・どの

哪
nǎ

> どれがあなたの家ですか？
> **哪是你家?**
> Nǎ shì nǐ jiā?

---

407 どこ

哪儿
nǎr

> 土曜日、どこに行ったのですか？
> **星期六你去哪儿了?**
> Xīngqīliù nǐ qù nǎr le?

---

408 何

什么
shénme

> 何が飲みたいですか？
> **你想喝什么?**
> Nǐ xiǎng hē shénme?

---

409 なぜ・どうして

为什么
wèi shénme

> なぜ行かなかったのですか？
> **你为什么没去?**
> Nǐ wèi shénme méi qù?

---

410 どうして・どのように **怎么** zěnme

> 彼女はどうして来なかったのですか？
> 她**怎么**没来？
> Tā zěnme méi lái?

411 どうですか **怎么样** zěnmeyàng

> 最近、彼女とは**どうですか**？
> 最近和她**怎么样**？
> Zuìjìn hé tā zěnmeyàng?

412 いくつ **几** jǐ

> **いくつ**（何歳）ですか？
> 你**几**岁？
> Nǐ jǐ suì?

413 いくら・どれほど **多少** duōshao

> このパイナップルケーキは**いくら**ですか？
> 这种凤梨酥**多少**钱？
> Zhè zhǒng fènglísū duōshao qián?

> **Point** "几"は10以下の数を想定してたずねるときに使います。"多少"には数の制限がありません。

MEMO

"为什么"と"怎么"の違い

"为什么"と"怎么"は相互に言い換えられる場合もありますが、用途やニュアンスはやや異なります。"为什么"は原因、理由をたずねるときのみに使いますが、"怎么"は手段、方法などについてたずねるときにも使えます。また、"为什么"は客観的に原因または理由についてたずねる表現ですが、"怎么"は「問い詰める」ニュアンスのある、比較的感情のこもった表現です。

🎧 40

位置・方向に関する語

---

414 ここ

这儿
zhèr

> ここにファストフード店があります。
> **这儿**有一家快餐店。
> Zhèr yǒu yì jiā kuàicāndiàn.

Point "这" [zhè] は、「これ、この」という意味の語です。話し言葉では [zhèi] と発音することもあります。

---

415 そこ・あそこ

那儿
nàr

> 私は**あそこ**で待っています。
> 我在**那儿**等你。
> Wǒ zài nàr děng nǐ.

Point "那" [nà] は、「あれ、あの」という意味の語です。話し言葉では [nèi] と発音することもあります。

---

416 そば

旁边
pángbiān

> があなたの**そば**にいるの？
> 谁在你**旁边**呢？
> Shéi zài nǐ pángbiān ne?

---

417 左側

左边
zuǒbian

> 私の家の**左側**は公園です。
> 我家的**左边**是公园。
> Wǒ jiā de zuǒbian shì gōngyuán.

Point "右边" [yòubian]（右側）もセットで覚えましょう。

---

418 前

前面
qiánmian

> 駅の**前**にコンビニがあります。
> 车站**前面**有便利店。
> Chēzhàn qiánmian yǒu biànlìdiàn.

Point "后面" [hòumian]（後ろ）も覚えましょう。

---

419 向かい

対面
duìmiàn

郵便局は駅の**向かい**です。
邮局在车站对面。
Yóujú zài chēzhàn duìmiàn.

420 中

里
lǐ

部屋の**中**で変な音がします。
房间里有奇怪的声音。
Fángjiānli yǒu qíguài de shēngyīn.

421 外

外
wài

窓の**外**の風景はきれいです。
窗外的风景很美。
Chuāngwài de fēngjǐng hěn měi.

422 上

上
shàng

携帯電話は机の**上**にありますよ。
手机在桌子上呢。
Shǒujī zài zhuōzishang ne.

 Point 下は"下"[xià]です。

423 北・
北方

北边
běibian

北京は中国の**北方**にあります。
北京在中国的北边。
Běijīng zài Zhōngguó de běibian.

Point "东边"[dōngbian] (東)、"西边"[xībian] (西)、"南边"[nánbian] (南)
も覚えましょう。

424 方向

方向
fāngxiàng

どの**方向**へ行くべきですか?
我应该往哪个方向走呢?
Wǒ yīnggāi wǎng nǎge fāngxiàng zǒu ne?

🎧 41

接続詞

---

425 **〜から**

因为
yīnwèi

私はバカだ**から**、あなたを好きになったのだ。
因为我太傻，才会爱上你。
Yīnwèi wǒ tài shǎ, cái huì àishang nǐ.

(Point) "所以" とセットで使うことが多いです。会話では、よく省略されます。

---

426 **だから**

所以
suǒyǐ

縁があった、**だから**私たちは一緒にいます。
因为有缘，**所以**我们在一起。
Yīnwèi yǒu yuán, suǒyǐ wǒmen zài yìqǐ.

---

427 **〜けれど**

虽然
suīrán

仕事は忙しい**けれど**、楽しいです。
虽然工作很忙，但是很开心。
Suīrán gōngzuò hěn máng, dànshì hěn kāixīn.

---

428 **しかし**

但是
dànshì

お金はないです**が**、幸せです。
**我没有钱，但是我很幸福。
Wǒ méiyǒu qián, dànshì wǒ hěn xìngfú.

(Point) "虽然" とセットで使うことが多いです。

---

429 **しかし**

不过
búguò

ピアノは弾けます**が**、あまり上手ではありません。
**我会弹钢琴，不过弹得不太好。
Wǒ huì tán gāngqín, búguò tánde bútài hǎo.

430 それとも

还是
háishi

紅茶を飲みますか、**それとも**コーヒーを飲みますか?
你要喝红茶还是喝咖啡?
Nǐ yào hē hóngchá háishi hē kāfēi?

---

431 もし～ば

如果
rúguǒ

もし時間があれ**ば**、一緒にカードゲームをしましょう。
如果有时间的话，一起玩儿纸牌游戏吧。
Rúguǒ yǒu shíjiān dehuà, yìqǐ wánr zhǐpái yóuxì ba.

 Point よく"的话"とセットで使います。

---

432 それから

然后
ránhòu

まず買い物をして、**それから**焼肉を食べに行きます。
先买东西，然后去吃烤肉。
Xiān mǎi dōngxi, ránhòu qù chī kǎoròu.

---

433 しかも

而且
érqiě

あのブランドの服は安く、**しかも**おしゃれです。
那个牌子的衣服很便宜，而且也很好看。
Nàge páizi de yīfu hěn piányi, érqiě yě hěn hǎokàn.

---

434 あるいは

或者
huòzhě

週末、友達の家に行くか、**あるいは**私の家に友達が来ます。
周末我去朋友家，或者是朋友来我家。
Zhōumò wǒ qù péngyou jiā, huòzhě shì péngyou lái wǒ jiā.

MEMO
「しかし」に
あたる表現

中国語にも、日本語の「しかし」にあたる表現がいろいろあります。"但是"は話し言葉・書き言葉の両方で使う最もポピュラーな表現です。"不过"は軽い逆接、"可是"[kěshì]は比較的強い逆接を表し、いずれも話し言葉で使います。

🎧 42

形容詞①

---

435 大きい・強い

大
dà

今日の雨は**強い**です。
今天的雨很大。
Jīntiān de yǔ hěn dà.

---

436 小さい

小
xiǎo

このジャケットは**小さ**すぎます。
这件外套太小了。
Zhè jiàn wàitào tài xiǎo le.

---

437 多い

多
duō

おつりが**多**すぎますよ！
钱找多了！
Qián zhǎo duō le!

---

438 少ない

少
shǎo

この店は料理の量が**少ない**です。
这家餐厅菜量很少。
Zhè jiā cāntīng càiliàng hěn shǎo.

---

439 近い

近
jìn

台北(タイペイ)から**近い**です。
离台北很近。
Lí Táiběi hěn jìn.

---

440 遠い

远
yuǎn

ここから故宮博物院は**遠い**ですか？
故宫博物院离这儿远吗？
Gùgōng bówùyuàn lí zhèr yuǎn ma?

---

441 速い

快
kuài

彼は走るのがとても**速い**です。
他跑得很快。
Tā pǎode hěn kuài.

Point 速度・動作が「速い」場合は"快"、時間・時期が「早い」場合は"早"[zǎo] を使います。

---

442 遅い

慢
màn

もっと**ゆっくり**話してください。
请慢一点儿说。
Qǐng màn yìdiǎnr shuō.

Point 速度・動作が「遅い」場合は"慢"、時間・時期が「遅い」場合は"晚"[wǎn] を使います。

---

443 長い

长
cháng

万里の長城はとても**長い**です。
万里长城很长。
Wànlǐ Chángchéng hěn cháng.

---

444 高い

高
gāo

この山はそんなに**高く**ありません。
这座山并不高。
Zhè zuò shān bìng bù gāo.

Point 値段が「高い」場合は"贵"[guì] を使います。(→ P.60)

---

445 新しい

新
xīn

新しい手袋を買いました。
我买了新手套。
Wǒ mǎile xīn shǒutào.

🎧 43

形容詞②

---

446 よい

好
hǎo

今日は顔色が**よい**ですね。
你今天脸色很好。
Nǐ jīntiān liǎnsè hěn hǎo.

---

447 うれしい

高兴
gāoxìng

どうしてそんなに**うれしい**のですか？
你为什么那么高兴?
Nǐ wèi shénme nàme gāoxìng?

Point 周囲の人から見てわかるくらい「うれしい」「楽しい」様子を表す語です。

---

448 楽しい

快乐
kuàilè

とても**楽しい**旅行でした。
一次非常快乐的旅行。
Yí cì fēicháng kuàilè de lǚxíng.

Point 「満ち足りている」「幸せだ」というニュアンスの「楽しい」です。

---

449 空腹だ

饿
è

おなかが空いているのでは？
你是不是肚子饿了?
Nǐ shì bu shì dùzi è le?

---

450 のどが
渇いている

渇
kě

のどが渇きました。
我渴了。
Wǒ kě le.

---

451 満腹だ

饱
bǎo

> おなかがいっぱいで、もう食べられません。
> **我吃饱了，吃不下了。**
> Wǒ chībǎo le, chībuxià le.

452 忙^{いそが}しい

忙
máng

> **忙**しそうですね。
> **你好像很忙啊。**
> Nǐ hǎoxiàng hěn máng a.

453 疲^{つか}れている

累
lèi

> 疲れているので、今日は行きません。
> **今天太累了，不去了。**
> Jīntiān tài lèi le, bú qù le.

454 便利だ

方便
fāngbiàn

> インターネットはとても**便利**です。
> **网络很方便。**
> Wǎngluò hěn fāngbiàn.

455 間違^{まちが}って
いる

错
cuò

> 大事な部分を言い**間違え**ました。
> **把重要的部分说错了。**
> Bǎ zhòngyào de bùfen shuōcuò le.

Point "对" [duì] (正しい) もセットで覚えましょう。

456 同じだ

一样
yíyàng

> あなたと**同じ**で、失恋^{しつれん}したばかりです。
> **和你一样，刚失恋。**
> Hé nǐ yíyàng, gāng shīliàn.

🎧 44

副詞 ①

---

457 ～ない

不
bù

もう子どもでは**ありません**。
我已经不是孩子了。
Wǒ yǐjīng bú shì háizi le.

Point 否定を表す文の多くで、"不" を使います。(➡ P.126)

---

458 ～ない

没
méi

<ruby>傘<rt>かさ</rt></ruby>を持っていない**けど**、どうしよう？
我没带伞，怎么办?
Wǒ méi dài sǎn, zěnme bàn?

Point 「持っている」という意味の動詞 "有" の否定として、"没有" の形でよく使われます。(➡ P.126)

---

459 ～するな

别
bié

じゃま**しないで**くれますか？
别打搅我，好吗?
Bié dǎjiǎo wǒ, hǎo ma?

---

460 <ruby>比較<rt>ひかく</rt></ruby>的

比较
bǐjiào

君は**わりと**わがままです。
你比较任性。
Nǐ bǐjiào rènxìng.

---

461 少し

有点儿
yǒudiǎnr

少しホームシックになりました。
我有点儿想家了。
Wǒ yǒudiǎnr xiǎng jiā le.

Point 望ましくないことによく使われます。

462 ますます

越
yuè

あなたの中国語は**ますます**上手になりました。
你的中文越来越好了。
Nǐ de Zhōngwén yuè lái yuè hǎo le.

463 とても

很
hěn

あなたは優しいです。
你很温柔。
Nǐ hěn wēnróu.

 Point "很" は最も一般的な強調の副詞です。形容詞の前によく用いますが、その場合は「とても」というニュアンスをもたないことが多いです。

464 とても・
非常に

非常
fēicháng

ここには**とても**おいしい食べ物があります。
这儿有非常好吃的美食。
Zhèr yǒu fēicháng hǎochī de měishí.

465 とても～だ・
～すぎる

太
tài

ひど**すぎる**！
太过分了！
Tài guòfèn le!

 Point "太～了" の形でよく使われ、状態や感情の程度などを表します。

466 本当に

真
zhēn

本当にがっかり！
真扫兴！
Zhēn sǎoxìng!

 Point "真" は実際に体験したことに対する感情などを強調するときに使います。

467 最も・
一番

最
zuì

君が**一番**すごいです。
你是最棒的。
Nǐ shì zuì bàng de.

🎧 45
副詞②

---

468 すでに・
もう

已经
yǐjīng

> もう酔っています。
> **我已经醉了。**
> Wǒ yǐjīng zuì le.

---

469 ちょうど〜
している

正在
zhèngzài

> 私は**ちょうど**食事を**している**ところです。
> **我正在吃饭呢。**
> Wǒ zhèngzài chī fàn ne.

Point "在" だけでも、「〜している」という意味の副詞として使えます。"正在" は
時間に重点を置く表現、"在" は状態に重点を置く表現です。

---

470 すぐに

就
jiù

> 今**すぐに**行きます。
> **我现在就去。**
> Wǒ xiànzài jiù qù.

---

471 まだ

还
hái

> **まだ**寝ないの？
> **你还不睡吗？**
> Nǐ hái bú shuì ma?

---

472 再び・
もう一度

再
zài

> この映画を**もう一度**見たいです。
> **这部电影还想再看一遍。**
> Zhè bù diànyǐng hái xiǎng zài kàn yí biàn.

473 ～も

也
yě

> あなた**も**1990年代生まれですか？
> **你也是九〇后吗?**
> Nǐ yě shì jiǔ líng hòu ma?

474 一緒に

一起
yìqǐ

> 一緒になろう。
> **我们在一起吧。**
> Wǒmen zài yìqǐ ba.

475 全部・みな

都
dōu

> 僕たちは**みな**夢追い人です。
> **我们都是追梦人。**
> Wǒmen dōu shì zhuīmèngrén.

476 必ず・きっと

一定
yídìng

> **きっと**よくなります。
> **一定会好起来的。**
> Yídìng huì hǎoqǐlai de.

477 いつも・しょっちゅう

经常
jīngcháng

> 彼は**いつも**ギターを弾いています。
> **他经常弹吉他。**
> Tā jīngcháng tán jítā.

478 たぶん・～かもしれない

可能
kěnéng

> もう行けない**かもしれません**。
> **我可能去不了了。**
> Wǒ kěnéng qùbuliǎo le.

🎧 46

助動詞・助詞

---

479 （条件・能力があり）〜できる

能
néng

お酒はどのくらい飲め**ます**か？
你能喝多少酒？
Nǐ néng hē duōshao jiǔ?

Point どの程度できるかについて言うときに、"能" を使います。

---

480 〜できる

会
huì

餃子をつく**れる**ようになりました。
我会包饺子了。
Wǒ huì bāo jiǎozi le.

Point 努力してできるようになったことについて言うときに、"会" を使います。

---

481 〜てよい・〜できる

可以
kěyǐ

君を好きになっ**てもいい**ですか？
可以喜欢你吗？
Kěyǐ xǐhuan nǐ ma?

Point 許可を求めるときに、"可以" を使います。

---

482 〜たい

想
xiǎng

キャンセルし**たい**です。
我想取消。
Wǒ xiǎng qǔxiāo.

---

483 〜なければならない・〜つもりだ

要
yào

自分をちゃんと大切にし**なければなりません**。
你要好好儿爱自己。
Nǐ yào hǎohāor ài zìjǐ.

---

484 ～の

的
de

僕<ruby>の<rt>ぼく</rt></ruby>世界には君がいます。
我的世界里有你。
Wǒ de shìjièli yǒu nǐ.

485 ～たことが
ある

过
guo

私はたくさんのところに行っ**たことがあります**。
我去过很多地方。
Wǒ qùguo hěn duō dìfang.

486 ～た

了
le

私のことが<ruby>嫌<rt>きら</rt></ruby>いになっ**た**のですか?
你不爱我**了**吗?
Nǐ bú ài wǒ le ma?

 Point 文末の "了" は状態などの変化を表します。

487 ～か?

吗
ma

あなたは日本人です**か**?
你是日本人**吗**?
Nǐ shì Rìběnrén ma?

Point 文末に用いて、疑問を表します。

488 ～は?

呢
ne

私は<ruby>小籠包<rt>しょうろんぽう</rt></ruby>が好きです。あなた**は**?
我喜欢小笼包。你**呢**?
Wǒ xǐhuan xiǎolóngbāo. Nǐ ne?

489 ～ましょう

吧
ba

<ruby>一緒<rt>いっしょ</rt></ruby>に流星群を見に行き**ましょう**。
一起去看流星雨**吧**。
Yìqǐ qù kàn liúxīngyǔ ba.

121

🎧 47

前置詞

---

490 ～で

在
zài

> 明日は家で**チョコレート**をつくります。
> **明天我在家做巧克力。**
> Míngtiān wǒ zài jiā zuò qiǎokèlì.

---

491 ～から

从
cóng

> 今月**から**貯金します！
> **从这个月开始存钱！**
> Cóng zhège yuè kāishǐ cúnqián!

Point "从"を用いて移動などの起点を示します。"到"や"向"などと組み合わせて使うことが多いです。

---

492 ～まで

到
dào

> 上海〔シャンハイ〕**まで**高速鉄道で何時間かかりますか？
> **到上海坐高铁要几个小时？**
> Dào Shànghǎi zuò gāotiě yào jǐ ge xiǎoshí?

Point "到"を用いて移動などの終点を示します。

---

493 ～へ

向
xiàng

> あそこを右**へ**曲がるとコンビニです。
> **从那儿向右拐就是便利店。**
> Cóng nàr xiàng yòu guǎi jiù shì biànlìdiàn.

Point "向"は「～に向かって」というイメージで、方向を示します。

---

494 ～から

离
lí

> 大学は家**から**近いです。
> **大学离我家很近。**
> Dàxué lí wǒ jiā hěn jìn.

Point "离"は元々の距離などを表し、移動や変化を伴いません。

---

495 ～と　跟 gēn

君と一緒に行きましょう。
我跟你一起去吧。
Wǒ gēn nǐ yìqǐ qù ba.

496 ～を　把 bǎ

私たちを忘れたのですか？
你是不是把我们都忘了？
Nǐ shì bu shì bǎ wǒmen dōu wàng le?

497 ～に　对 duì

彼女は私にとても親切です。
她对我很好。
Tā duì wǒ hěn hǎo.

498 ～に　给 gěi

どうして妹に電話しないの？
你为什么不给你妹妹打电话？
Nǐ wèi shénme bù gěi nǐ mèimei dǎ diànhuà?

499 ～に
～される　被 bèi

私のおもちゃは妹に壊されました。
我的玩具被妹妹弄坏了。
Wǒ de wánjù bèi mèimei nònghuài le.

 Point　"被" のほかに、"叫" [jiào] や "让" [ràng] でも受け身を表現できます。

500 ～より　比 bǐ

これはあれより値段が高いです。
这个比那个贵。
Zhège bǐ nàge guì.

文法の基礎

文型や語順の基礎を押さえておきましょう。

文型

中国語には次のような文型があります。

主語＋動詞＋目的語

主語 **動詞** **目的語**
我　是　日本人。（私は日本人です。）
Wǒ　shì　Rìběnrén.

主語 **動詞** **目的語**
我　学　汉语。（私は中国語を勉強します。）
Wǒ　xué　Hànyǔ.

主語＋形容詞

「形容詞述語文」と呼ばれる文です。基本的には、形容詞の前には"很"などの副詞をつけます。

主語 **形容詞**
我　很　认真。（私はまじめです。）
Wǒ　hěn　rènzhēn.

1つの主語に対して2つ以上の動詞を使うこともあります。
動作が行われた順に語を並べます。

主語	動詞①	目的語①	動詞②	目的語②	
我	去	超市	买	水果。	（私はスーパーに果物を買いに行きます。）
Wǒ	qù	chāoshì	mǎi	shuǐguǒ.	

主語 + 動詞 + 間接目的語 + 直接目的語

人にものを与える機能をもつか、または情報を伝えたり聞いたりする機能をもつ動詞は、二重目的語をとることができます。間接目的語（誰に）、直接目的語（何を）の順に並べます。

主語	動詞	間接目的語	直接目的語	
哥哥	给	我	一个手机。	（兄は私に携帯電話をくれます。）
Gēge	gěi	wǒ	yí ge shǒujī.	

否定文・疑問文

中国語の否定語には "不" [bù] や "没" [méi] などがあり、いずれも動詞や形容詞の前に置きます。"不" は「〜でない」「〜しない」のような一般的な否定で、"没" は「過去」「所有」「存在」などを否定するときに使います。

他　不　是　日本人。（彼は日本人ではない。）
Tā　bú　shì　Rìběnrén.

他　不　学　汉语。（彼は中国語を勉強しない。）
Tā　bù　xué　Hànyǔ.

昨天　她　没　去　大学。（昨日彼女は大学に行かなかった。）
Zuótiān　tā　méi　qù　dàxué.

我　没有　吉他。（私はギターを持っていない。）
Wǒ　méiyǒu　jítā.

疑問文には、疑問詞を用いたもの、文末に "吗" をつけたもの、動詞の肯定形と否定形を組みあわせたものなどがあります。

她　是　谁?（彼女は誰ですか?）
Tā　shì　shéi?

他　是　日本人　吗?（彼は日本人ですか?）
Tā　shì　Rìběnrén　ma?

肯定形 否定形

他　是不是　日本人?（彼は日本人ですか?）
Tā　shì bu shì　Rìběnrén?

語順

中国語では、語順が変わると文の意味が変わってしまうこともあるので、注意しましょう。

助動詞

助動詞は動詞や形容詞の前に置き、願望や可能などを表します。

我　想　　吃　寿司。（私はお寿司を食べ**たい**です。）
Wǒ xiǎng　chī shòusī.

副詞

副詞は、動詞または形容詞の前に置きます。

我　也　学　韩语。（私**も**韓国語を勉強します。）
Wǒ　yě　xué Hányǔ.

場所を表す語

「前置詞 "在" [zài] ＋ 場所 ＋ 動詞フレーズ」で、「〜で〜をする」という文になります。

主語 前置詞 場所 動詞　　目的語
他　在　家　上　　网课。（彼は**家で**オンライン授業を受けます。）
Tā　zài　jiā shàng　wǎngkè.

時間を表す語

時間を表す語は、主語の前か後ろに置きます。

今天　他　在　家　上　　网课。（**今日**彼は家でオンライン授業を受けます。）
Jīntiān tā　zài　jiā shàng　wǎngkè.

他　今天　在　家　上　　网课。（彼は**今日**家でオンライン授業を受けます。）
Tā　jīntiān zài　jiā shàng　wǎngkè.

数 詞

「数詞」は数を使って順番や数量を表すものです。日本語では名詞の一種とされるのが一般的ですが、中国語ではひとつの品詞と分類されています。

順番を数えるとき

1から99までは日本語と同じ表記です。

一	二	三	四	五
[yī]	[èr]	[sān]	[sì]	[wǔ]

数や量を数えるとき

零 [líng]	一 [yī]	两 [liǎng]	三 [sān]	四 [sì]	五 [wǔ]
	🍔	✏️✏️	🥚🥚 🥚	🎀🎀 🎀🎀	🌙🌙 🌙🌙 🌙

数や量を数えるときは、"二"ではなく"两"を使います。"十二"[shí'èr]、"二十"[èrshí] など、2桁以上の場合は"二"を使います。
「100」「1000」などには、"一百"[yì bǎi]、"一千"[yì qiān]、"一万"[yí wàn] のように"一"が必要です。

六 [liù]	七 [qī]	八 [bā]	九 [jiǔ]	十 [shí]	十一 [shíyī]

３桁以上の数で「０」が入っている場合、"零" [líng] も読みます。「０」が２つ以上の場合は、最後の「０」のみ読みます。

例："二百零五" [èr bǎi líng wǔ] (205)、"三万零一" [sān wàn líng yī] (30001)

量詞

中国語の「量詞」は日本語の「助数詞」にあたります。数を表す語の後ろにつけて、数える対象の形状や性質などを表します。

	ピンイン	日本語	何を数えるときに使うか	例
个	ge	〜個	物の数や人数	两个梨 [liǎng ge lí] （2個の梨）
块	kuài	〜個	固形物の数	一块砖 [yí kuài zhuān] （1個のレンガ）
些	xiē	いくらか	不定の数や量	一些人 [yì xiē rén] （一部の人）
件	jiàn	〜着	上着類の数	三件毛衣 [sān jiàn máoyī] （3枚のセーター）
条	tiáo	〜着	ズボン・スカートの数	一条连衣裙 [yì tiáo liányīqún] （1枚のワンピース）
双	shuāng	〜足ほか	2つで1組のものの数	两双皮鞋 [liǎng shuāng píxié] （2足の革靴）
张	zhāng	〜枚 〜卓	紙状の物や机の数	四张纸 [sì zhāng zhǐ] （4枚の紙）

	ピンイン	日本語	何を数えるとき に使うか	例
本	běn	〜冊	本の数	六本词典 [liù běn cídiǎn] （6冊の辞書）
位	wèi	〜名	人数 （敬意を込めた表現）	七位老师 [qī wèi lǎoshī] （7名の先生）
口	kǒu	〜人	家族の人数	四口人 [sì kǒu rén] （4人家族）
种	zhǒng	〜種類	物・ことの種類	两种文字 [liǎng zhǒng wénzì] （2種類の文字）
次	cì	〜回	回数	一次聚会 [yí cì jùhuì] （1回の集まり）
岁	suì	〜歳	年齢	二十岁生日 [èrshí suì shēngri] （20歳の誕生日）

単位

"公斤" [gōngjīn]、"斤" [jīn]、"两" [liǎng] は中国で重さを表す単位です。"一公斤" は1キロ
グラムに、"一斤" は500グラムに相当します。"一两" は50グラムです。
人民元の単位は "元" [yuán]、"角" [jiǎo]、"分" [fēn] があります。1元＝10角＝100分です。
口語では、"块" [kuài]、"毛" [máo]、"分" [fēn] と言います。

各場面で使えるフレーズを紹介します。
当てはまる語を入れて実際に使ってみましょう。

▶▶ 空港・交通

□□ 在哪儿？ | □□ はどこですか？
～ zài nǎr?

检疫	入境审查	领取行李	换乘国内航班
jiǎnyì	rùjìng shěnchá	lǐngqǔ xíngli	huànchéng guónèi hángbān
検疫	入国審査	手荷物受け取り	国内線乗り換え

问讯处	自动取款机	外币兑换处	小卖部
wènxùnchù	zìdòng qǔkuǎnjī	wàibì duìhuànchù	xiǎomàibù
インフォメーション	ATM	両替所	売店

售票处	车站	公交车站
shòupiàochù	chēzhàn	gōngjiāo chēzhàn
切符売り場	駅	バス乗り場

请给我一张去～的票。 | ～までの切符を一枚ください。
Qǐng gěi wǒ yì zhāng qù ～ de piào.

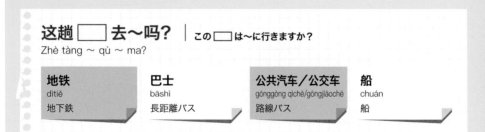

这趟 □□ 去～吗？ | この □□ は～に行きますか？
Zhè tàng ～ qù ～ ma?

地铁	巴士	公共汽车／公交车	船
dìtiě	bāshì	gōnggòng qìchē/gōngjiāochē	chuán
地下鉄	長距離バス	路線バス	船

到～多少钱? | ～まではいくらですか?
Dào ～ duōshao qián?

▶▶ 宿泊

我想 ___。 | ___ したいです。
Wǒ xiǎng ～.

办理入住手续
bànlǐ rùzhù shǒuxù

チェックイン

寄存行李
jìcún xíngli

荷物を預ける

请你们帮我搬运行李
qǐng nǐmen bāng wǒ bānyùn xíngli

荷物を運んでもらう

知道Wi-Fi的密码
zhīdao Wi-Fi de mìmǎ

Wi-Fiのパスワードを知る

换房间
huàn fángjiān

部屋を変える

取消订房
qǔxiāo dìngfáng

宿泊をキャンセルする

请给我 ___。 | ___ をください。
Qǐng gěi wǒ ～.

一个枕头
yí ge zhěntou

枕1つ

一条毛毯
yì tiáo máotǎn

毛布1枚

一条毛巾
yì tiáo máojīn

タオル1枚

一个吹风机
yí ge chuīfēngjī

ドライヤー1つ

一个牙刷
yí ge yáshuā

歯ブラシ1つ

一双拖鞋
yì shuāng tuōxié

スリッパ1足

▶▶ 外食

有 ☐ 吗? | ☐ はありますか?
Yǒu ～ ma?

菜单
càidān
メニュー

盘子
pánzi
皿

杯子
bēizi
コップ

儿童座椅
értóng zuòyǐ
子ども用のいす

请不要 ☐。 | ☐ ないでください。
Qǐng bú yào ～.

太辣了
tài là le
辛くしすぎる

放花椒、八角
fàng huājiāo、bājiǎo
花椒と八角を入れる

放香菜
fàng xiāngcài
パクチーを入れる

◆ 中華圏の食べ物・スイーツ

烤鸭
kàoyā
北京ダック

水饺
shuǐjiǎo
水餃子

包子
bāozi
肉まん

杏仁豆腐
xìngrén dòufu
杏仁豆腐

麻婆豆腐
mápó dòufu
マーボー豆腐

干烧虾仁
gānshāo xiārén
海老のチリソース

棒棒鸡
bàngbàngjī
バンバンジー

回锅肉
huíguōròu
ホイコーロー

青椒肉丝
qīngjiāo ròusī
チンジャオロース

担担面
dàndànmiàn
タンタン麺

八宝菜
bābǎocài
八宝菜

东坡肉
dōngpōròu
トンポーロー

古老肉
gǔlǎoròu
酢豚

芙蓉蟹
fúróngxiè
カニ玉

小笼包／汤包
xiǎolóngbāo/tāngbāo
小籠包

烧卖
shāomài
シュウマイ

蛋挞
dàntà
エッグタルト

卤肉饭
lǔròufàn
ルーローファン

大鸡排
dàjīpái
巨大フライドチキン

豆花
dòuhuā
豆乳プリン

◆中華圏の飲み物・フルーツ・トッピング

乌龙茶
wūlóngchá
ウーロン茶

普洱茶
pǔ'ěrchá
プーアール茶

茉莉花茶
mòlihuāchá
ジャスミン茶

绿茶
lùchá
緑茶

红茶
hóngchá
紅茶

咖啡
kāfēi
コーヒー

拿铁
nátiě
ラテ

可可
kěkě
ココア

柠檬
níngméng
レモン

菠萝／凤梨
bōluó/fènglí
パイナップル

芒果
mángguǒ
マンゴー

荔枝
lìzhī
ライチ

木瓜
mùguā
パパイヤ

火龙果
huǒlóngguǒ
ドラゴンフルーツ

百香果
bǎixiāngguǒ
パッションフルーツ

番石榴／芭乐
fānshíliu/bālè
グァバ

珍珠
zhēnzhū
タピオカ

黑糖珍珠
hēitáng zhēnzhū
黒糖タピオカ

椰果
yēguǒ
ナタデココ

芦荟
lúhuì
アロエ

◆飲み物を注文するとき

	无糖	**微糖**	**半糖**	**少糖**	**正常**
	wútáng	wēitáng	bàntáng	shǎotáng	zhèngcháng
砂糖の量	0%	30%	50%	70%	通常の量

	去冰	**微冰**	**半冰**	**少冰**	**正常**
	qùbīng	wēibīng	bànbīng	shǎobīng	zhèngcháng
氷の量	なし	少し	半分	少なめ	通常の量

几点开门？ | 何時に開きますか？
Jǐ diǎn kāi mén?

几点关门？ | 何時に閉まりますか？
Jǐ diǎn guān mén?

多少钱？ | いくらですか？
Duōshao qián?

我想 ☐。 | ☐したいです。
Wǒ xiǎng ~.

买一个 …
mǎi yí ge …

…を1つ買う

试穿一下
shìchuān yíxià

試着する

看一下小(大)号的
kàn yíxià xiǎo (dà) hào de

小さい(大きい)サイズを見る

能不能 ☐？ | ☐できますか？
Néng bu néng ~?

用现金付款
yòng xiànjīn fùkuǎn

現金で支払う

用信用卡付款
yòng xìnyòngkǎ fùkuǎn

クレジットカードで支払う

退货
tuìhuò

返品する

▶▶ 緊急時

☐ **被偷了。** | ☐ を盗まれました。
~ bèi tōu le.

☐ **丢了。** | ☐ を落としました。
~ diū le.

行李	**钱包**	**护照**	**票**
xíngli	qiánbāo	hùzhào	piào
荷物	財布	パスポート	チケット

手机	**电脑**	**照相机**	**手表**
shǒujī	diànnǎo	zhàoxiàngjī	shǒubiǎo
スマートフォン	パソコン	カメラ	時計

想联系 ☐ 。 | ☐ に連絡したいです。
Xiǎng liánxì ~.

警察	**大使馆**	**宾馆**	**家人**
jǐngchá	dàshǐguǎn	bīnguǎn	jiārén
警察	大使館	ホテル	家族

☐ **坏了。** | ☐ が壊れました。
~ huài le.

钥匙	**门**	**窗户**	**保险柜**
yàoshi	mén	chuānghu	bǎoxiǎnguì
鍵	ドア	窓	金庫

马桶	**淋浴**	**龙头／水龙头**	**冰箱**
mǎtǒng	línyù	lóngtóu/shuǐlóngtóu	bīngxiāng
トイレ	シャワー	蛇口	冷蔵庫

我想去医院。 | 病院に行きたいです。
Wǒ xiǎng qù yīyuàn.

有 ☐ 症状。 | ☐ の症状があります。
Yǒu 〜 zhèngzhuàng.

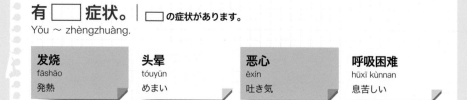

发烧
fāshāo
発熱

头晕
tóuyūn
めまい

恶心
ěxin
吐き気

呼吸困难
hūxī kùnnan
息苦しい

☐ 很疼。 | ☐ が痛いです。
〜 hěn téng.

头
tóu
頭

牙齿
yáchǐ
歯

嗓子
sǎngzi
のど

腰
yāo
腰

肺部
fèibù
肺

心脏
xīnzàng
心臓

肠胃
chángwèi
胃腸

小腹部
xiǎofùbù
下腹部

回复	student＊＊＊@ne.jp
收件人	teacher＊＊＊@ne.jp
主题	**有关提交期末报告一事** Yǒuguān tíjiāo qīmò bàogào yí shì

新田老师：
Xīntián lǎoshī

您好！我是汉语初级班的学田研人。
Nín hǎo!
Wǒ shì Hànyǔ chūjí bān de Xuétián Yánrén.

刚才我提交了期末报告。
Gāngcái wǒ tíjiāole qīmò bàogào.

因为疏忽记错了时间，未能在期限内提交，非常抱歉！
Yīnwèi shūhu jìcuòle shíjiān, wèi néng zài qīxiànnèi tíjiāo, fēicháng bàoqiàn.

望老师谅解。拜托了！
Wàng lǎoshī liàngjiě. Bàituō le!

您的学生：学田研人
Nín de xuésheng: Xuétián Yánrén
●●●●年●月●日

差出人　student＊＊＊@ne.jp
宛先　teacher＊＊＊@ne.jp

件名　期末レポート提出の件について

新田先生
こんにちは。中国語初級クラスの学田研人です。
先ほど期末レポートを提出いたしました。
提出期限の時刻を誤って記憶しており、
期限内に提出できませんでした。
申し訳ございません。
お許しいただけますでしょうか。
何卒よろしくお願い申し上げます。

学生　学田研人
●●●●年●月●日

ファンレターの書き方

次の例を参考にして、ファンレターを書いてみましょう。

○○先生：

你好！我叫线崎麻友，住在日本的东京。
Nǐ hǎo! Wǒ jiào Xiànqí Máyǒu, zhùzài Rìběn de Dōngjīng.

三年前，我和朋友第一次去看你的演唱会，被你的歌声所感动，瞬间成了你的粉丝。
Sān nián qián, wǒ hé péngyou dì yī cì qù kàn nǐ de yǎnchànghuì, bèi nǐ de gēshēng suǒ gǎndòng, shùnjiān chéngle nǐ de fěnsī.

我有你发布的所有专辑，我每天都听着你的歌去上学。
Wǒ yǒu nǐ fābù de suǒyǒu zhuānjí, wǒ měitiān dōu tīngzhe nǐ de gē qù shàngxué.

我太喜欢你的歌了！
Wǒ tài xǐhuan nǐ de gē le!

感谢你一直以来给我们带来动听的歌曲，我会永远支持你！
Gǎnxiè nǐ yīzhí yǐlái gěi wǒmen dàilái dòngtīng de gēqǔ, wǒ huì yǒngyuǎn zhīchí nǐ!

我已经买好了下个月演唱会的票，很期待能见到你。
Wǒ yǐjīng mǎihǎole xià ge yuè yǎnchànghuì de piào, hěn qīdài néng jiàndào nǐ.

天气越来越冷了，请保重身体！
Tiānqì yuè lái yuè lěng le, qǐng bǎozhòng shēntǐ!

你的粉丝：线崎麻友
Nǐ de fěnsī: Xiànqí Máyǒu

●●●●年●月●日

○○さんへ

こんにちは。私は線崎麻友といいます。日本の東京に住んでいます。

3年前に初めて友達と○○さんのコンサートを見に行ったとき、

その歌声に感動して、すぐファンになりました。

私は○○さんがリリースしたアルバムをすべて持っています。

毎日○○さんの曲を聴きながら通学しています。

○○さんの曲が大好きです！

いつも素敵な曲を届けてくれてありがとうございます。

これからもずっと応援しています！

来月のコンサートのチケットも買いました。

お会いするのを楽しみにしています。

寒くなってきたので、ご自愛ください！

○○さんのファン、線崎麻友より

●●●●年●月●日

INDEX
日本語

INDEX

ま～わ

INDEX

中国語

INDEX

X
S
Z

LINE FRIENDS 語学ブック
はじめての中国語単語帳

協力　LINE Friends Japan 株式会社

著者　新田小雨子

　1996年留学生として中国より来日。2007年早稲田大学大学
院日本語教育研究科博士後期課程修了、博士（日本語教育学）。
現在、早稲田大学非常勤講師。長年にわたり、中国語教育お
よび日本語教育に携わる。

デザイン　若井夏澄 (tri)

イラスト　さがら みゆ

録音　（財）英語教育協議会 (ELEC)

DTP　（株）四国写研

この本は下記のように環境に配慮して製作しました。
・製版フィルムを使用しないCTP方式で印刷しました。
・環境に配慮して作られた紙を使用しています。